Los Premios Nobel

BERTRAND RUSSELL

LOS CAMINOS DE LA LIBERTAD

El Socialismo, el Anarquismo y el Sindicalismo

EDICIONES ORBIS, S.A.

Título del original: ROADS TO FREEDOM Socialism, Anarchism and Syndicalism
Traducción de García Paladini

Traducción cedida por Aguilar, S.A. de Ediciones

ISBN: 84-7530-087-1
D.L.B. 40269-1982

Impreso y encuadernado por
Printer industria gráfica, s.a. Provenza, 388 Barcelona
Sant Vicenç dels Horts

Printed in Spain

Producción sin posesión,
acción sin imposición,
evolución sin dominación.

LAO-TSE

PREFACIO

Es este libro un intento de comprimir en el menor espacio posible un tema que, para ser tratado adecuadamente, requiere muchos volúmenes.

Fue terminado en abril de 1918, unos días antes de ser encarcelado el autor.

En aquella oportunidad muy pocos se hubieran aventurado a profetizar que la guerra terminaría antes del nuevo año. Con el advenimiento de la paz se han hecho más urgentes los problemas de reconstrucción.

El autor ha tratado de examinar sucintamente la formación y el alcance de aquellas doctrinas de antes de la guerra que tenían como fin una fundamental transformación económica.

Estas doctrinas se examinan primero históricamente y después en su sentido crítico; y se insiste en que mientras ninguna puede ser aceptada en su totalidad, todas contribuyen en algo al panorama de la sociedad futura, a la que nosotros debemos aspirar.

En la parte histórica de esta obra he recibido gran ayuda

de mi amigo Mr. Hilderie Cousens, que me ha facilitado informes sobre materias que yo no he podido investigar por falta de tiempo.

Londres, enero 1919.

PREFACIO A LA TERCERA EDICIÓN INGLESA

Se escribió este libro respondiendo a una invitación recibida de un editor norteamericano (hecha antes de que los Estados Unidos se hiciesen beligerantes) para que diese una explicación del socialismo, el anarquismo y el sindicalismo. Quedó terminado en los primeros meses del año 1918, cuando los alemanes aparecían en todas partes como victoriosos. Los rusos estaban planeando una paz por separado, y en Occidente parecía como que los alemanes capturarían los puertos del Canal de la Mancha, metiendo una cuña entre los ejércitos británicos y franceses. Las perspectivas de una paz parecían lejanas. Resulta hoy difícil recordar cuán rápidamente se produjo el cambio de fortuna que condujo a la victoria de los aliados.

Son tantas las cosas que han ocurrido de entonces acá, que las opiniones de todos aquellos que no sean impermeables a la experiencia, han sufrido inevitablemente modificaciones considerables. La creación y el colapso de la Liga de Naciones, la elevación y el derrumbe del fascismo y del nazismo, la segunda guerra mundial, el desarrollo de la

Rusia Soviética, y la no lejana posibilidad de una tercera guerra mundial, han proporcionado lecciones políticas, que en su mayoría son de una clase que hace difícil el mantenimiento del optimismo.

La creación en la U.R.S.S. de una forma no democrática de socialismo, aunque sea muy importante para muchas de las discusiones de este libro, no sugiere, en sí misma, ninguna necesidad de modificar las opiniones en él defendidas. Los peligros de un régimen burocrático están suficientemente puestos de relieve, y lo que ha ocurrido en Rusia no hace sino confirmar la justicia de estas advertencias. En un aspecto —y ha sido mi razón principal para dar mi conformidad a una reimpresión— la creciente afirmación de los socialistas occidentales de que el régimen ruso no es lo que ellos desean, ha dado otra vez importancia a este libro. El sindicalismo en Francia, la I.W.W. en los Estados Unidos, y el socialismo «Guild», de los sindicatos, en Inglaterra, eran todos movimientos que llevan dentro de sí la desconfianza hacia el Estado y un deseo de realizar las finalidades del socialismo sin necesidad de crear una burocracia omnipotente. Pero todos estos movimientos se extinguieron durante los años que siguieron al final de la primera guerra europea, como resultado de la admiración por los éxitos rusos. Era imposible conseguir informes fidedignos acerca de lo que estaba ocurriendo en Rusia durante los primeros meses de 1918, época en que se estaba escribiendo este libro, fuera de la consigna «todo el poder a los Soviets», que era el grito de guerra bolchevique, que pareció indicar una nueva forma de democracia, antiparlamentaria y más o menos sindicalista. Y en este sentido se ganó el apoyo del ala izquierda. Muchos socialistas conservaron, sin embargo, una sólida fe en esa consigna cuando resultó que no era eso lo que se estaba creando: podría ser lo contrario de lo que los socialistas occidentales habían estado pregonando, pero había que proclamarla como perfecta, fuese lo que fuese. Cualquier clase de crítica era condenada como una traición a la causa del proletariado. Las críticas anarquista y sindicalista fueron olvidadas o desconocidas... y al exaltar el socialismo de Estado resultó posible conservar la fe en que un gran país había realizado las aspiraciones de los pioneros.

Durante los últimos años, esta actitud ha ido cambiando rápidamente y aquellos que ya no pueden seguir otorgando una adoración falta de crítica al gobierno soviético, se ven impulsados a buscar formas menos autoritarias de socialismo entre las doctrinas primitivas. Esas doctrinas primitivas son descritas y discutidas en este libro. El «Guild Socialism» o Socialismo de los Sindicatos, que yo entonces defendía, sigue pareciéndome un proyecto admirable, y desearía ver renovada la defensa del mismo.

Pero existen otros aspectos en que no estoy ya de acuerdo con la visión que tenía del problema hace treinta años. Si tuviera que escribir hoy, mostraría simpatías mucho menores hacia el anarquismo. El mundo de hoy es de escasez, y es probable que siga siéndolo durante mucho tiempo, un mundo en el que tan sólo las más severas reglamentaciones pueden evitar una pobreza desastrosa. Los sistemas totalitarios de Alemania y de Rusia, con sus enormes crueldades deliberadas, me han llevado a adoptar un punto de vista más oscuro que el que tenía cuando era más joven, acerca de este problema: ¿en qué irían a parar los hombres si no existiese un fuerte control sobre sus impulsos tiránicos? Todavía pareció posible en el transcurso de la primera guerra mundial la esperanza —en realidad, la mayoría de las personas esperaban— que, una vez hecha la paz, se crearía un mundo mejor que el anterior a 1914. Pocos eran los que conservaban esta esperanza durante la segunda guerra mundial, y apenas si hubo alguno que la conservase después que terminó la lucha. Optimista es en la actualidad el hombre que juzga posible que el mundo no se eche a perder aún más; suponer que puede mejorar en un futuro próximo sólo puede hacerse gracias a una ceguera voluntaria.

Las esperanzas utópicas expresadas en las siguientes páginas tienen una relación mucho menor con el presente, de lo que yo creía cuando las escribí, especialmente en el último capítulo, aunque puedo conservarlas como la visión de algún día muy lejano. Fundamentalmente, es cierto que los problemas siguen siendo los mismos. Sigue siendo de primera importancia el evitar la guerra, si eso es posible. Lo mismo ocurre con el combinar la libertad con la justicia económica, en la medida en que esto puede conseguirse. Es evidente que habría que sacrificar cierto grado de libertad en beneficio de la justicia, y cierto grado de justicia en beneficio de la libertad. Pero este problema es más difícil en un mundo de escasez que en un mundo de abundancia, y lo que se pide en la mayor parte de las discusiones de este libro es un mundo de abundancia.

Por tales razones, los problemas urgentes y las esperanzas inmediatas no son hoy lo que eran en el año 1918, aunque veo poca razón para cambiarlas en lo que se refiere a las soluciones últimas y a las esperanzas a largo plazo. Pero el problema de conservar toda la libertad que es posible bajo el socialismo es más urgente hoy que entonces, y me parece que es todavía válida la parte mayor de lo que en este libro se dice sobre el mismo. Espero que, por lo menos para algunos de mis lectores, pueda aparecer así todavía.

Junio 1948.

LOS CAMINOS DE LA LIBERTAD

EL SOCIALISMO, EL ANARQUISMO Y EL SINDICALISMO

INTRODUCCIÓN

El intento de concebir una nueva y mejor organización de la sociedad humana que sustituya al caos destructivo y bárbaro, en el cual los hombres han vivido hasta ahora, no es en manera alguna moderno: es, por lo menos, tan antiguo como Platón, en cuya *República* dio el modelo para las utopías de los filósofos que le sucedieron.

Cualquiera que contemple el mundo iluminado por un ideal, ya busque inteligencia, arte, amor o sencilla felicidad —o todo junto—, debe sentir una gran tristeza al ver las maldades que inútilmente los hombres permiten hacer, y (si es un hombre de fuerza y de energía vital), también debe sentir un apremiante deseo de conducir a los hombres hacia la realización de lo bueno a que le inspira su visión creadora.

Este es el deseo que en el comienzo impulsó a los precursores del socialismo y del anarquismo, como así fue en el pasado en los creadores de repúblicas ideales.

En esto no hay nada nuevo. Lo que es nuevo en el socialismo y anarquismo es la relación estrecha entre el ideal y los actuales sufrimientos de los hombres, que ha permitido que de las esperanzas de aislados pensadores surjan poderosos movimientos políticos.

Es esto lo que hace importante al socialismo y al anarquismo, y peligroso para los que, conscientes o inconscientes, viven de las maldades del actual régimen de la sociedad. La gran mayoría de los hombres y de las mujeres, en tiempo normal, pasan a través de la vida sin contemplar ni criticar, en general, ni sus condiciones propias ni las de los demás. Se encuentran colocados en cierto lugar de la sociedad y aceptan lo que cada día aquélla les ofrece, sin hacer algún esfuerzo por pensar más allá de lo que requiere el momento inmediato.

Casi tan instintivamente como los animales buscan satisfacer las necesidades del momento, sin mucha premeditación y sin atender a que con un esfuerzo idóneo todas las condiciones de su vida pueden ser transformadas. Un tanto por ciento, inspirados por la ambición personal, hacen un esfuerzo mental y volitivo para colocarse entre los miembros más afortunados de la sociedad; pero muy pocos de éstos se interesan con entusiasmo por obtener para los demás las ventajas que buscan para ellos. Son solamente unos cuantos —muy pocos y raros— hombres superiores los que tienen este amor por la Humanidad, los que no pueden soportar pacientemente todos los males y sufrimientos, aunque éstos no tengan ninguna relación con sus propias vidas.

Estos pocos, movidos de conmiseración por el sufrimiento ajeno, buscarán primero en el pensamiento y después en la acción alguna solución para salvar a los demás; algún nuevo sistema de sociedad con el cual la vida pueda hacerse más rica, más feliz y menos llena de males evitables que en el presente. En el pasado, estos hombres, en general, no han podido interesar a las víctimas mismas de las injusticias que ellos querían remediar.

Los grupos más desgraciados del pueblo han sido los ignorantes y apáticos, a causa del cansancio por el exceso de trabajo, temerosos del constante peligro de ser castigados inmediatamente por los que sustentan el poder, e indignos, moralmente, de confianza por su degradación.

Crear un esfuerzo consciente y reflexivo dentro de estas clases de hombres para lograr una mejora general habría parecido tarea vana, y, en efecto, en el pasado lo fue. Sin embargo, el incremento de la educación y la elevación del nivel del bienestar de los trabajadores ha engendrado nuevas condiciones que favorecen más que nunca la necesidad de una reconstrucción radical. Son los socialistas, y en grado menor los anarquistas, principalmente los inspiradores del sindicalismo, los que se han convertido en los representantes de esta exigencia.

Tal vez lo más extraordinario del socialismo y del anarquismo es que son grandes movimientos populares que tienen por ideal tender hacia un mundo mejor.

Al principio los ideales han sido elaborados por escritores aislados, y, sin embargo, gran parte de las clases asalariadas los han aceptado como sus guías en las cuestiones prácticas del mundo. En lo relativo al socialismo es evidente, pero en cuanto al anarquismo sólo es cierto con algunas modificaciones. El anarquismo en sí no ha sido nunca una doctrina popular; es únicamente bajo la forma modificada del sindicalismo que ha logrado ser popular. Distinto al socialismo y al anarquismo, el sindicalismo es en su origen el resultado no de una idea, sino de una organización. Lo prueba el hecho de haber existido primero la organización de la Unión de Trabajadores (Trade Union). Las ideas del sindicalismo son aquellas que parecen apropiadas a esta organización, según definición de los miembros de la más avanzada Unión de Trabajadores de Francia. Pero, en general, las ideas son derivadas del anarquismo y los hombres que han logrado hacerlas aceptables eran en su mayor parte anarquistas.

Podemos considerar el sindicalismo como el anarquismo del mercado o del cambio de productos entre los sindicatos, en contraste con el anarquismo individual que había existido, precariamente, a través de las décadas anteriores. Examinándolos desde este punto de vista encontramos en el anarcosindicalismo la misma combinación de ideales y organización que en los partidos políticos socialistas. Es desde este punto de vista desde el que intentaremos estudiar estos movimientos.

El socialismo y el anarquismo, bajo su forma moderna, provienen, respectivamente, de los dos protagonistas, Marx y Bakunin, que lucharon toda la vida el uno contra el otro, culminando su antagonismo, en la división operada en el seno de la Primera Internacional.

Comenzaremos por estudiar a estos dos hombres; primero trataremos de su doctrina, y después de las organizaciones que ellos fundaron o inspiraron. Este estudio nos conducirá al desarrollo del socialismo hasta estos últimos años y a la rebelión sindicalista contra el énfasis socialista de la importancia del Estado y la acción política, y a analizar ciertos movimientos que fuera de Francia tienen alguna afinidad con el sindicalismo, principalmente el de los «Trabajadores Industriales del Mundo» (I.W.W.), de Norteamérica, y el «Socialismo Gremial», de Inglaterra. De este examen histórico pasaremos a estudiar algunos de los problemas más urgentes, e intentaremos descubrir en qué dirección el mundo sería más feliz si los fines de los socialistas y sindicalistas se realizasen. Mi opinión es —y no resulta perjudicial que yo la diga de antemano— que el anarquismo puro, a pesar de que tiende a ser el fin ideal al cual la sociedad debe continuamente seguir acercándose, es por ahora imposible y no podría sobrevivir más de uno o dos años. Por otra parte, tanto el socialismo marxista como el sindicalismo, a pesar de sus muchas desventajas, son aptos para crear un mundo mejor y más feliz que el que estamos viviendo. Mas no considero ninguno de los dos como el mejor sistema practicable. Temo del socialismo marxista que daría demasiado poder al Estado, mientras que el sindicalismo, cuya finalidad es la abolición del Estado, se vería, creo yo, obligado a reconstruir una autoridad central para terminar con las rivalidades de los distintos grupos de productores. El mejor sistema practicable, a mi juicio, es el del socialismo gremial (Guild Socialisme), que está conforme con lo que es justificable, tanto en las pretensiones de los socialistas de Estado como en el temor que los sindicalistas tienen al Estado, y que acepta un sistema de federalismo entre las industrias, y, por idénticas razones, recomienda un federalismo entre las naciones. Los razonamientos de estas conclusiones se indicarán más adelante.

Antes de internarse en la historia de los movimientos recientes en pro de una reconstrucción radical, vale la pena meditar con atención sobre algunos de los rasgos que señalan la mayoría de los idealistas políticos y que no son comprendidos por el público en general, no solamente a causa de prevención, sino también por otras razones. Es mi deseo tratar con toda justicia estas razones para demostrar claramente por qué no son eficaces.

Los jefes de los más avanzados movimientos son, en general, hombres de un desinterés poco corriente, como se observa cuando uno examina sus vidas. A pesar de que tienen seguramente tanta capacidad como muchos de los hombres que se elevan a las más encumbradas posiciones, no se hacen árbitros de los acontecimientos de su época ni alcanzan riqueza ni el aplauso de sus contemporáneos. Los hombres que tienen capacidad para ganar esos galardones, y que trabajan tanto o bastante más que los que se los llevan, optan por el camino que les hace imposible ganarlos; estos hombres deben ser juzgados considerando su desinterés personal en la finalidad de sus actos, cualquiera que sea la mezcla de egoísmo que entra en los detalles de sus vidas; su motivo fundamental tiene que estar fuera de ellos mismos. Los precursores del socialismo, anarquismo y sindicalismo, en su mayoría, han sufrido prisión, destierro y miseria, sufriéndolos deliberadamente por no avenirse a abandonar la propaganda de sus ideales; han demostrado que la esperanza que les anima no es el logro personal, sino el bien de la Humanidad. No obstante, a pesar de que el deseo por el bienestar humano es lo que, en el fondo, determina la línea general de la vida de estos hombres, no resulta muy raro que en los pormenores de sus palabras y escritos el odio sea más evidente que el amor. Es seguro que un idealista impaciente aumentará aún más su odio al ver la oposición y fracasos que sufre su anhelo por acrecer la felicidad del mundo. Un hombre sin ninguna inquietud no podrá desempeñar un papel eficaz.

Cuanto más convencido esté de la pureza de sus motivos y de la verdad de sus evangelios, tanto más se indignará al ver que sus enseñanzas son rechazadas. Frecuentemente llegará a colocarse en actitud de tolerancia filosófica frente a frente de la apatía de la masa y aun de la oposición entera de esos que se llaman defensores del *statu quo*. Pero a los que no podrá perdonar es a los que proclaman aspirar al perfeccionamiento de la sociedad que él mismo defiende, pero no aceptan su método para lograrlo.

La fe intensa que le da fuerzas para resistir a las persecuciones hace que sus opiniones le parezcan tan claras que cualquier hombre que piense y las rehuse cree que no es sincero y está, seguramente, animado por algún motivo avieso y traidor a su causa. De esa fe nace el espíritu de secta, de amarga y estrecha ortodoxia, que es el veneno de los que persisten tenazmente adheridos a un credo impopular.

Hay tantas tentaciones reales a la deslealtad, que es natural sospechar; y entre los jefes es seguro que la ambición que les obliga a escoger una profesión se cambiará en otra forma: en el deseo de llegar a un alto grado intelectual, o por un poder despótico dentro de su propia secta. Resulta de ello que los defensores de una reforma radical se dividen en escuelas antagónicas, odiándose mutuamente con amargo rencor; acusándose frecuentemente los unos a los otros de crímenes tales como recibir dinero de la policía, y exigiendo de cualquier escritor u orador (al que ellos deben admirar) que se ajuste exactamente a los prejuicios de su escuela, contribuyendo en todas sus enseñanzas a defender la creencia que ellos tienen de que la verdad se halla dentro de los límites de su credo.

El resultado de este estado de espíritu es que, después de una observación superficial y carente de imaginación, parece que los hombres que más se han sacrificado por la causa de beneficiar a la humanidad fueron inspirados más por el odio que por el amor. Además, la intransigencia de la ortodoxia sofoca todo libre ejercicio del intelecto. Esta razón, así como la de los prejuicios económicos, ha dificultado la cooperación práctica de los intelectuales con los más extremistas reformadores, no obstante simpatizar con los fines principales y con un noventa por ciento del programa.

Otra razón por la que los reformadores radicales son mal apreciados por los hombres corrientes es que contemplan la sociedad actual desde fuera, con hostilidad hacia sus instituciones. A pesar de que, en su mayor parte, tienen más fe que sus contemporáneos en la capacidad inherente al hombre de vivir una buena vida, sienten tan agudamente la crueldad y la opresión que causan las instituciones existentes, que dan la impresión de cinismo, lo que es completamente falso. La mayoría de los hombres tienen instintivamente, para proceder, dos códigos totalmente distintos: uno, para los que consideran compañeros, colegas o amigos, o para cualquiera de los miembros de su mismo grupo; otro, para los que juzgan como enemigos, parias o peligrosos para la sociedad. Los reformadores radicales están dispuestos a concentrar toda su atención en la conducta que la sociedad tiene para con este segundo grupo, por el que sienten una gran repulsión y enemistad.

Naturalmente, la mayoría de los seres incluye en el grupo de los del segundo código a los enemigos en las guerras y a los criminales, y los que consideran que es esencial para su propia seguridad y la de sus privilegios y prebendas preservar el orden actual, incluyen también a todo el que predique cualquier nueva y gran transformación política o económica y a toda clase que, a causa de su miseria o cualquier otro motivo, pueda ser un foco de peligro y extremismo. El ciudadano de tipo corriente piensa raramente en tales individuos o clases y pasa a través de la vida creyendo que él y sus amigos son buenas personas porque no quieren dañar en nada a aquellos que no pertecenen a un grupo o clase por el que ellos sienten hostilidad.

Pero el hombre que analiza con atención las relaciones entre un grupo que odia y teme a otros, tendrá un juicio muy diferente. En estas relaciones existe una tendencia a desarrollarse una ferocidad extraordinaria y hasta a llegar a mostrar aquella parte de fealdad que existe en la naturaleza humana.

Los adversarios del capitalismo han aprendido, por medio del estudio de ciertos hechos históricos, que los capitalistas y el Estado han mostrado frecuentemente esa ferocidad hacia los trabajadores, especialmente cuando éstos se han atrevido a protestar contra la execrable miseria a que el industrialismo les ha generalmente condenado. De ahí nace una actitud, enfrente de la sociedad existente, completamente distinta de la del cotidiano acomodo ciudadano: una actitud tan verdadera como la del bienestar burgués; quizá también, tan falsa, pero igualmente basada en hechos que conciernen a las relaciones con sus enemigos en lugar de sus amigos. La lucha de clases, como las guerras entre las naciones, producen dos opuestos puntos de vista, cada uno igualmente verdadero y falso. El ciudadano de una nación en guerra, cuando piensa en sus compatriotas, piensa en primer lugar en los suyos tal como los ha conocido, en sus relaciones con sus amigos y familiares, etc... Los suyos son para él, en general, gente buena y honesta. Pero la nación enemiga con la que su país está en guerra ve a sus compatriotas a través de una serie de experiencias completamente distintas, es decir, como aparecen en medio de la ferocidad de la batalla, en la invasión o imponiendo inhumano yugo en los territorios enemigos, o en la farsa de una diplomacia de prestidigitación. Estos hombres son los mismos que él conoce como padres, hermanos, amigos; pero son considerados de manera distinta por haber sido juzgados sobre datos y hechos distintos.

Lo mismo ocurre con aquellos que consideran al capitalismo desde el punto de vista del obrero revolucionario: le parecen al capitalista incomprensiblemente cínicos y equivocados, porque los hechos en los cuales se funda su opinión, o son desconocidos por él o son de tal suerte que no hace caso de ellos.

Sin embargo, el punto de vista externo puede ser tan justo como el interno; ambos son necesarios para la verdad completa, y el socialista que insiste con tesón sobre sus ideas no es un cínico, es tan sólo un amigo de los trabajadores, encolerizado por el espectáculo de la inútil miseria que éstos padecen a causa del capitalismo. He colocado estas reflexiones generales al principio de nuestro estudio para que el lector no tenga ninguna duda de que cualquier amargura u odio que se halle en estos movimientos sociales que aquí examinaremos no es ni el odio ni la amargura, sino el amor, el impulso real que les dio origen.

Es difícil no odiar a los que torturan el cbjeto de nuestro amor; sin embargo, no es imposible. Pero para no odiar hace falta una liberalidad de perspectiva y una amplitud de comprensión que en medio de la lucha desesperada es casi imposible conservarlos; aun si los socialistas y los anarquistas no hubieran guardado siempre la pureza fundamental de sus doctrinas o en sus prácticas, en ello no se diferencian mucho de sus adversarios; y en cuanto a la fuente de su inspiración se han mostrado superiores a aquellos que consienten, ignorantes o negligentes, las injusticias y agresiones que sirven para defender el actual sistema.

PRIMERA PARTE

HISTÓRICA

Capítulo I

MARX Y LA DOCTRINA SOCIALISTA

El socialismo, como todo lo que es vital, es más una tendencia que una doctrina estricta y definible. Una definición del socialismo o incluye, seguramente, unas opiniones consideradas por muchos como no socialistas, o excluye otras que tienen derecho a ser incluidas. Creo que nos aproximaremos más a la esencia del socialismo definiéndolo como el derecho a la propiedad comunal de la tierra y del capital. La propiedad de lo común puede significar propiedad sólo para un Estado democrático. Puede comprenderse también, en el concepto de los comunistas libertarios, como propiedad en común por la libre sociedad de hombres y mujeres sin la intervención de los poderes gubernamentales que son necesarios para constituir un Estado. Algunos socialistas esperan que la propiedad comunal vendrá de repente y traída absolutamente por una revolución catastrófica, mientras que los sindicalistas piensan que vendrá gradualmente, primero en una industria, luego en otra. Algunos insisten en que es necesario que el pueblo adquiera en su totalidad la tierra y el capital; mientras que otros se contentarían con ir viendo desmoronarse lentamente la propiedad privada a condición de que ésta no quedase dividida en grandes partes.

Lo que todas las formas de socialismo tienen de común es la democracia y la abolición virtual o completa del sistema capitalista actual. La diferencia que existe entre socialistas, anarquistas y sindicalistas depende, en gran parte, del grado de democracia a que aspiran.

Los socialistas ortodoxos se contentan con una democracia parlamentaria dentro de la esfera gubernamental, afirmando que los males visibles de la constitución actual desaparecerán con la abolición del capitalismo. El anarquismo y el sindicalismo se oponen a toda la maquinaria parlamentaria y aspiran a un método distinto para solucionar las cuestiones políticas de la comunidad. Pero todos son demócratas en el sentido de que ellos pretenden suprimir todo género de privilegio y de desigualdad artificial: todos son, por igual, defensores del jornalero en la sociedad de hoy.

Los tres (el socialismo, el sindicalismo y el anarquismo) tienen también mucho de común en la parte económica de sus doctrinas. Los tres consideran el capital y el sistema de salarios como medios para explotar al trabajador en interés de las clases de propietarios y pretenden que la propiedad en común, en una u otra forma, es el único medio que podrá dar la libertad a los productores. Mas dentro del cuadro general de esta doctrina hay muchas divergencias, y aun entre los que se llaman estrictamente socialistas hay una gran variedad de escuelas. Se puede decir que el socialismo empieza a ser una fuerza en Europa con Marx. Es verdad que antes de él hubo unas teorías socialistas, tanto en Inglaterra como en Francia. Así es también verdad que en Francia, durante la revolución de 1848, el socialismo alcanzó durante un breve período una influencia importante en el Estado. Pero los socialistas que existieron antes de Marx tenían la tendencia de entregarse a ensueños utópicos y no pretendían fundar un partido político fuerte o estable.

Se debe a Marx, en colaboración con Engels, el haber sistematizado en un cuerpo coherente la doctrina socialista, en forma bastante plausible y clara para conquistar el espíritu de grandes multitudes, y también la formación del movimiento socialista internacional, que ha seguido creciendo en todos los países de Europa durante los últimos cincuenta años. Para comprender la doctrina de Marx es preciso saber algo de las influencias que le formaron.

Nació en 1818, en Tréveris (Renania); su padre era funcionario, un judío que había aceptado nominalmente el catolicismo. Marx estudió jurisprudencia, filosofía, economía política e historia en varias Universidades alemanas. Estudiando filosofía se empapó de las doctrinas de Hegel, que estaba por aquel entonces en el cenit de su gloria, y algunas de estas doctrinas dominaron en su pensamiento durante toda su vida. Como Hegel, Marx vio en la historia el desarrollo de una idea. Concebía los cambios en el mundo como formando una evolución lógica, que consiste en que se pase de una etapa a otra por revolución, siendo la nueva etapa antítesis de la anterior. Concepto que dio a sus opiniones una cierta abstracción y una mayor fe en la revolución que en la evolución.

Marx olvidó, pasada su juventud, las doctrinas más definidas de Hegel. Era conocido como un estudiante sobresaliente y podría haber tenido una próspera carrera como profesor o funcionario; mas su interés por la política y sus opiniones radicales le condujeron por sendas más arduas.

Por el año 1842 se hizo redactor de un periódico que el gobierno prusiano suprimió al comienzo del año siguiente a causa de sus opiniones avanzadas. Esto hizo que Marx se marchase a París, en donde bien pronto fue conocido como socialista, y aprovechó su estancia para adquirir conocimientos sobre los precursores franceses[1] del socialismo.

En Londres, en el año 1844, empezó su amistad con Engels, que duró toda su vida; éste, hasta aquel entonces, seguía haciendo negocios en Manchester, en donde Marx conoció el socialismo inglés, del que adoptó, en general, sus doctrinas.[2]

En 1845, Marx, expulsado de París, se marchó a Bruselas para vivir con Engels. Allí formó una Asociación de

1. Los principales entre éstos eran Fourier y Saint-Simon, quienes construían utópicas e ideales repúblicas socialistas, un poco fantásticas. Proudhon, con quien Marx tenía unas relaciones bastante frías, se puede considerar como el precursor del anarquismo más que del socialismo ortodoxo.

2. Marx menciona a los socialistas ingleses con gran elogio en su obra *La miseria de la filosofía* (1847). Como él, ellos tienden a fundar sus argumentos en la teoría del «valor» de Ricardo, pero no tienen su alcance, su erudición ni sus conocimientos científicos. Entre los ingleses se puede mencionar a Thomas Hodgskin (1787-1869), que fue oficial de la Marina de guerra, más tarde destituido por haber escrito un folleto criticando los métodos de la disciplina en la Marina; autor también de *La defensa del trabajo contra las pretensiones del capital* (1825) y otros libros; William Thompson (1785-1833), autor de *Un examen de las leyes de la distribución de la riqueza más conducentes a la felicidad humana* (1824) y *El trabajo recompensado* (1825), y Piercy Ravenstone, cuyas ideas son derivadas de las de Hodgskin. Quizá Robert Owen es más importante que cualquiera de los anteriores.

Trabajadores Alemanes y editó un periódico, que les servía de órgano. Por sus actividades en Bruselas llegó a ser conocido por la Liga Comunista Alemana de París, la que a fines de 1847 invitó a Engels y a él a redactar un manifiesto para la misma, que apareció en enero de 1848. Fue el célebre *Manifiesto comunista*, en el que está expuesto por primera vez el sistema de Marx. Apareció en un momento feliz. Al mes siguiente, febrero, estalló la revolución en París, y en marzo se extendió hasta Alemania. Teniendo miedo de la revolución, el gobierno de Bruselas expulsó a Marx de Bélgica; pero la revolución alemana le permitió volver a su país, en donde editó un periódico que le colocaba en lucha frente a las autoridades, lucha que se iba enconando a medida que la reacción tomaba más fuerza. En junio de 1849 fue suspendido su periódico y Marx fue expulsado de Prusia. Vuelve a París, pero es inmediatamente expulsado de allí. Entonces se instala en Inglaterra (en aquel período, un asilo para los amigos de la libertad), en donde vivió hasta su muerte, en el año 1883, a excepción de unos breves intervalos dedicados a la agitación.

La mayor parte del tiempo que pasó en Inglaterra lo dedicó a componer su gran libro *El Capital.*[1]

Su obra, más importante, en sus últimos años fue la organización y propaganda de la Asociación Internacional de Trabajadores. Desde 1849 en adelante, la mayor parte de su tiempo se lo pasaba en el Museo Británico, recogiendo, con una paciencia alemana, los materiales para su formidable denuncia contra la sociedad capitalista;

1. El primero y el más importante de los volúmenes de la obra apareció en 1867; los dos siguientes volúmenes se publicaron posteriormente, en 1885 y 1894.

sin embargo, continuaba dirigiendo el movimiento internacional socialista. Tenía en varios países *hijos políticos* (así como Napoleón entronizaba a sus hermanos), que eran caudillos del movimiento, y en las luchas internas prevalecía triunfante, generalmente, su voluntad y consejo.

Las más esenciales doctrinas de Marx pueden ser reducidas a tres: primera, lo que se llama interpretación materialista de la historia; segunda, la ley de la concentración del capital; tercera, la lucha de clases.

1.° *La interpretación materialista de la historia.* Marx afirma que, en general, los fenómenos de la sociedad tienen su origen en las condiciones materiales, y éstas cree él que están incorporadas a los sistemas económicos. Las constituciones políticas, las leyes, las religiones, las filosofías todas, son para él, en sus líneas generales, expresiones del régimen económico de la sociedad en que se producen. Sería injusto decir que afirma que el motivo económico consciente es el único que tiene importancia; dice, más bien, que las condiciones económicas forman el carácter y la opinión, y son de esta manera la fuente principal de muchos hechos que parecen no tener relación alguna con ellas. Aplica su doctrina particularmente a dos revoluciones: una, en el pasado; otra, en el porvenir.

La revolución pasada es la de la burguesía contra el feudalismo; revolución que tiene por tipo la francesa. La del porvenir es la de los trabajadores o la del proletariado contra la burguesía; revolución que debe establecer la república socialista. Marx considera todo el movimiento de la historia como necesario, como el efecto de causas materiales producido sobre seres humanos. Ya no sólo predica: profetiza la república socialista.

Es verdad que juzga que ésta sería benéfica; pero se

ocupa mucho más en comprobar que inevitablemente tiene que venir. El mismo sentido de predestinación inevitable se ve en su exposición de los males del sistema capitalista. No culpa a los capitalistas de las crueldades de que, según él, demuestra, son responsables: indica solamente que están bajo la fatal necesidad de obrar con crueldad en tanto que la posesión particular de la tierra y del capital siga existiendo. Esta tiranía no durará eternamente, pues ella misma produce las fuerzas que deben, al fin, derrocarla.

2.° *La ley de la concentración del capital.* Marx señala que las empresas capitalistas tienden a un desarrollo cada vez mayor. Predice la sustitución de los *trusts* a la concurrencia libre y que el número de empresas capitalistas tendrá que disminuir a medida que aumente su volumen. Supone que este proceso lleva consigo una disminución, no solamente del número de negocios, sino también del número de capitalistas.

En efecto, hablaba generalmente como si cada empresa perteneciera a un solo hombre; por consiguiente, esperaba que habría continuamente gente expulsada de la clase capitalista, y que los capitalistas, en el curso del tiempo, tendrían que ir disminuyendo en número. Aplicó esta máxima no sólo a la industria, sino también a la agricultura. Esperaba poder comprobar que los terratenientes disminuirían cada vez más, mientras que sus propiedades seguirían aumentando. Este proceso debía hacer resaltar de modo creciente las maldades e injusticias del sistema capitalista y estimular con gran entusiasmo a las fuerzas de la oposición.

3.° *La lucha de clases.* Marx cree que el jornalero y el capitalista son antitéticos, completamente opuestos.

Piensa que cada hombre es o tiene que ser, dentro de un breve plazo, o lo uno o lo otro.

El jornalero que no posee nada (proletario), está explotado por los capitalistas, que lo poseen todo. A medida que el sistema capitalista se desarrolla y se revela más claro su carácter, la oposición entre la burguesía y el proletariado se agudiza cada día más. Las dos clases, ya que tienen intereses antagónicos, se ven obligadas a luchar en una guerra de clases que produce, dentro del régimen capitalista, la diseminación de sus fuerzas y elementos.

Los obreros van aprendiendo a unirse contra los que les explotan, primero localmente; después, nacionalmente, y, al fin, internacionalmente. Cuando hayan aprendido a unirse internacionalmente, vencerán sin remedio. Entonces harán que toda la tierra y todo el capital pertenezcan a la comunidad, la explotación terminará y la tiranía de los ricos no volverá jamás a ser instaurada, no volverá a existir una división de clases en la sociedad y los hombres serán libres.

Todas estas ideas estaban expuestas en el *Manifiesto comunista*, obra de vigor asombroso, que expone en un breve resumen las fuerzas titánicas del mundo y su lucha épica y la consunción inevitable. Esta obra es de capital importancia en el desenvolvimiento del socialismo y da un tan admirable resumen de las doctrinas expuestas con más detalle y más erudición en *El Capital*, que es preciso conocer sus pasajes trascendentales para cualquiera que desea comprender el dominio que el socialismo marxista ha adquirido en el espíritu y la imaginación de una gran parte de los jefes de la clase obrera.

Empieza así:

«Un fantasma recorre Europa: el fantasma del comunismo. Todas las potencias de la vieja Europa se han unido en una Santa Alianza para acorralar a ese fantasma: el Papa y el Zar, Metternick y Guizot, los radicales de Francia y los polizontes de Alemania. ¿Qué oposición no ha sido acusada de comunismo por sus adversarios en el poder? ¿Qué oposición, a su vez, no ha lanzado a sus adversarios de derecha o izquierda el epíteto zahiriente de comunistas?»

La existencia de una guerra de clases no es cosa nueva:

«La historia de toda sociedad hasta nuestros días no ha sido sino la historia de las luchas de clases.»

En estas luchas, la pugna «termina siempre», bien por una transformación revolucionaria de la sociedad, o bien por la destrucción de las dos clases antagónicas.

«El carácter distintivo de nuestra época, de la época de la burguesía, es haber simplificado los antagonismos de clases. La sociedad se divide cada vez más en dos grandes campos opuestos, en dos clases enemigas: la burguesía y el proletariado.»

Después expone la caída del feudalismo, seguida de una descripción de la burguesía como fuerza revolucionaria:

«La burguesía ha jugado en la historia un papel esencialmente revolucionario. En lugar de la explotación velada por ilusiones religiosas y políticas, ha establecido una explotación abierta, directa, brutal y descarada. Impulsada por la necesidad de mercados siempre nuevos, la burguesía invade el mundo entero. La burguesía, después de su advenimiento, apenas hace un siglo, ha creado fuerzas productivas más variadas y más colosales que todas las generaciones pasadas tomadas en conjunto.

»Las relaciones feudales se transformaron en cadenas.

Era preciso romper esas cadenas y se rompieron. A nuestra vista se produce un movimiento análogo.

»Las armas de que se sirvió la burguesía para derribar el feudalismo se vuelven ahora contra ella. Pero la burguesía no ha forjado solamente las armas que deben darle muerte: ha producido también los hombres que manejarán esas armas, los obreros modernos, los proletarios.»

Después son expuestas las causas de la miseria del proletario:

«Lo que cuesta hoy día el obrero se reduce poco más o menos a los medios de sostenimiento de que tiene necesidad para vivir y para perpetuar su raza. Según eso, el precio del trabajo, como el de toda mercancía, es igual a su costo de producción. Por consiguiente, cuanto más sencillo resulta el trabajo más bajan los salarios. Además, la suma de trabajo se acrecienta con el desenvolvimiento del maquinismo y de la división del trabajo.

»La industria moderna ha transformado el pequeño taller del maestro patriarcal en la gran fábrica del burgués capitalista. Masas de obreros, amontonados en la fábrica, están organizados militarmente. Son como simples soldados de la industria, colocados bajo la vigilancia de una jerarquía completa de oficiales y suboficiales. No son solamente esclavos de la clase burguesa, del Estado burgués, sino diariamente, a todas horas, esclavos de la máquina, del contramaestre y, sobre todo, del mismo dueño de la fábrica. Cuanto más claramente proclama este despotismo la ganancia como fin único, más mezquino, odioso y exasperante resulta.»

Trata después el *Manifiesto* de la evolución en la lucha de clases:

«El proletariado pasa por diferentes fases de evolución.

Su lucha contra la burguesía comienza desde su nacimiento. Al principio la lucha es entablada por obreros aislados; en seguida, por los obreros del mismo oficio de la localidad contra la burguesía que los explotaba directamente. No se contentan con dirigir sus ataques contra el modo burgués de producción, y los dirigen contra los mismos instrumentos de producción.

»En este momento el proletariado forma una masa diseminada por todo el país y desmenuzada por la competencia. Si alguna vez los obreros forman en masas compactas, esta acción no es todavía la consecuencia de su propia unidad, sino la de la burguesía, que por atender a sus fines políticos debe poner en movimiento al proletariado, sobre el que tiene todavía el poder de hacerlo.

»Los choques individuales entre el obrero y el burgués adquieren cada vez más el carácter de colisiones entre dos clases. Los obreros empiezan por coaligarse contra los burgueses para el mantenimiento de sus salarios. Llegan hasta a formar asociaciones permanentes en previsión de estas luchas circunstanciales. Aquí y allá la resistencia estalla en sublevación. A veces los obreros triunfan, pero es un triunfo efímero. El verdadero resultado de sus luchas es menos el éxito inmediato que la solidaridad aumentada de los trabajadores. Esta solidaridad es favorecida por el acrecentamiento de los medios de comunicación, que permiten a los obreros de localidades diferentes ponerse en relaciones. Después, basta este contacto que por todas partes reviste el mismo carácter, para transformar las numerosas luchas locales en lucha nacional con dirección centralizada en lucha de clases. Mas toda lucha de clases es una lucha política, y la unión que los burgueses de la Edad Media, con sus caminos vecinales, tardaron siglos en establecer, los proletarios modernos la conciertan en algunos años por los ferrocarriles. Esta organización del proletariado en clase y, por tanto, en partido político, es sin cesar destruida por la competencia que se hacen los obreros entre sí. Pero renace siempre, y siempre más fuerte, más firme, más formidable. Aprovecha las disensiones intestinas de los burgueses para obligarles a dar garantía legal a ciertos intereses de la clase obrera.

»Las condiciones de existencia de la vieja sociedad están ya abolidas en las condiciones de existencia del proletariado. El proletariado está sin propiedad; sus relaciones de familia no tiene nada de común con las de la familia burguesa; el trabajo industrial moderno, que implica la servidumbre del obrero al capital, lo mismo en Inglaterra como en Francia, en América como en Alemania, despoja al proletariado de todo carácter nacional. Las leyes, la moral, la religión, son para él meros prejuicios burgueses tras de los cuales se ocultan otros tantos intereses burgueses. Todas las clases que en el pasado se apoderaron del poder ensayaron consolidar su adquirida situación sometiendo la sociedad a su propio modo de apropiación. Los proletarios no pueden apoderarse de las fuerzas productivas sociales sino aboliendo el modo de apropiación que les atañe particularmente y, por consecuencia, todo modo de apropiación en vigor hasta nuestros días.

»Los proletarios no tienen nada que salvaguardar que les pertenezca; tienen que destruir toda garantía privada, toda seguridad privada existente. Todos los movimientos históricos han sido hasta ahora realizados por minorías en provecho de minorías. El movimiento proletario es el movimiento espontáneo de la inmensa mayoría en provecho de la inmensa mayoría. El proletariado, capa inferior de la sociedad actual, no puede sublevarse, enderezarse, sin hacer saltar todas las capas superpuestas que constituyen la sociedad oficial.»

Los comunistas, dice Marx, representan el proletariado en su totalidad. Son internacionales.

«De otro lado, se acusa a los comunistas de querer abolir la patria, la nacionalidad... Los obreros no tienen patria. No se les puede arrebatar lo que no poseen.»

El fin inmediato de los comunistas es la conquista del poder político por el proletariado. «Los comunistas pueden resumir su teoría en esta fórmula única: abolición de la propiedad privada.»

La interpretación materialista de la historia les sirve para contestar a acusaciones tales como que el comunismo es contrario al cristianismo: «Cuanto a las acusaciones lanzadas contra el comunismo en nombre de la religión, de la filosofía y de la ideología en general, no merecen un examen profundo. ¿Hay necesidad de una gran perspicacia para comprender que los conocimientos, las nociones y las concepciones, en una palabra, la conciencia del hombre, cambia con toda modificación sobrevenida en las condiciones de vida, en las relaciones sociales, en la existencia colectiva?»

La actitud del *Manifiesto* frente al Estado no es muy fácil de comprender: «El poder ejecutivo del Estado moderno no es como un comité para dirigir los asuntos comunes de toda la burguesía.»

Sin embargo, el primer paso del proletariado debe ser el de apoderarse del control del Estado.

«Hemos visto más arriba que la primera etapa de la

revolución obrera es la constitución del proletariado en clase directora: la conquista de la democracia. El proletariado se servirá de su supremacía política para arrancar poco a poco todo el capital a la burguesía, para centralizar todos los instrumentos de producción en manos del Estado, es decir, del proletariado organizado en clase directora, y para aumentar rápidamente la cantidad de fuerzas productivas.»

El *Manifiesto* expone luego un programa de reformas inmediatas, que al principio aumentará mucho el poder del Estado existente; pero se razona que cuando ya esté efectuada la revolución socialista, el Estado, tal como le conocemos, dejará de existir. Engels dice, en otra parte, que cuando el proletariado se apodera del poder del Estado, «... pone fin a todas las diferencias y antagonismos de clases, y, como consecuencia, también termina con el Estado como Estado».

Así, a pesar de que puede ser, en verdad, el socialismo de Estado el resultado de las proposiciones de Marx y Engels, no se les puede acusar de haber glorificado al Estado en ningún momento.

El *Manifiesto* finaliza con un llamamiento a los proletarios del mundo a ponerse en pie en nombre del comunismo:

«Los comunistas no se cuidan de disimular sus opiniones y sus proyectos. Proclaman abiertamente que sus propósitos no pueden ser alcanzados sino por el derrumbamiento violento de todo el orden social tradicional. ¡Que las clases directoras tiemblen ante la idea de una revolución comunista! Los proletarios no pueden perder más que sus cadenas. Tienen, en cambio, un mundo que ganar.

»¡Proletarios de todos los países, uníos!»

En todos los grandes países de Europa, menos en Rusia, inmediatamente después de la publicación del *Manifiesto comunista*, estalló una revolución, que no era ni económica ni internacional, excepto, al principio, en Francia. En todas las demás partes era inspirada por las ideas nacionalistas. Por eso los gobernadores del mundo, momentáneamente aterrorizados, pudieron recobrar el poder, afirmando las hostilidades inherentes que existen en el espíritu del nacionalismo, y por todas partes, después de un triunfo muy breve, la revolución acabó en guerra y reacción. Las ideas del *Manifiesto comunista* aparecieron cuando el mundo se hallaba todavía impreparado para ellas; pero, sin embargo, sus autores vivían aún cuando el movimiento socialista empezó a extenderse por todos los países; este movimiento, que ha avanzado con una fuerza acelerada, influyendo sobre los Gobiernos cada vez más, culminando en la revolución rusa, y quizá capaz de alcanzar en un día no muy lejano el triunfo internacional, al cual llama en los últimos párrafos del *Manifiesto* a todos los trabajadores del mundo.

El *magnum opus* de Marx, *El Capital*, añadió volumen y sustancia a las tesis del *Manifiesto comunista*. Lo aumenta con la teoría de la plusvalía, que pretende explicar el mecanismo mismo de la explotación capitalista. Esta doctrina es muy complicada y casi sin defensa como contribución a la teoría pura. Es preferible considerarla como una traducción en palabras abstractas del odio que Marx tenía por un sistema que fabrica riqueza con vidas humanas, y es considerada así, más que como un análisis desinteresado, como debe ser leída por sus admiradores. Una crítica de la teoría de la plusvalía necesitaría una muy difícil y abstracta discusión sobre la teoría económica pura, sin que tenga mucha relación con la verdad o falsedad práctica del socialismo; por eso me ha parecido imposible hacerlo dentro de los límites del volumen presente. A mi juicio, las partes más interesantes de *El Capital* son las que tratan de hechos económicos, de los que Marx tenía unos conocimientos enciclopédicos. Esperaba Marx, con su cultura, inculcar a sus discípulos aquel firme e imperecedero odio que debía convertirles en soldados de la lucha de clases hasta la muerte.

Son tantos los hechos que compila, que resulta casi prácticamente imposible sean conocidos por la mayoría de los que viven acomodadamente.

Son hechos espantosos, y el sistema económico que los ocasiona tiene que ser reconocido como verdaderamente terrible.

Unos cuantos ejemplos sacados de los suyos, nos servirán para explicar el rencor que tienen muchos socialistas:

El señor Broughton Charlton, magistrado de un condado, como presidente de un mitin celebrado en la casa municipal de Nottingham el 14 de enero de 1860, declaró que en la parte de la población ocupada en la fabricación de encajes reina un grado de sufrimiento y de indigencia desconocido en el resto del mundo civilizado... A las dos, tres o cuatro de la mañana, niños de nueve o diez años son arrancados de sus sucios lechos y obligados a trabajar por su simple subsistencia hasta las diez, once o doce de la noche, mientras que sus miembros se enflaquecen, su cuerpo se encoge, los rasgos de su fisonomía se borran y todo su ser humano se petrifica en un estupor cuya simple vista horroriza.[1]

Comparecen simultáneamente ante un grand jury *londinense tres trabajadores de ferrocarril: un conductor de pasajeros, un maquinista*

1. Carlos Marx: *El Capital*, 1. I, cap. VIII.

y un guardaagujas. Un gran accidente de ferrocarril ha mandado cientos de pasajeros al otro mundo. El descuido de los empleados es la causa de la desgracia. Éstos declaran unánimemente ante los jurados que hace diez o doce años su jornada de trabajo no duraba más de ocho horas. Durante los últimos cinco o seis años han hecho aumentar a catorce, dieciocho y veinte horas, y cuando hay gran afluencia de viajeros, como en las temporadas de trenes de excursionistas, dura a menudo cuarenta o cincuenta horas sin interrupción. Ellos no son cíclopes, sino hombres como los demás. En un momento dado se acaban sus fuerzas de trabajo. Les invade un aletargamiento. Sus cerebros dejan de pensar y sus ojos de ver. El muy respetable british juryman *contesta con un veredicto enviándolos ante el Tribunal de lo Criminal por* manslaughter *(homicidio), y en un apéndice muy* benévolo *manifiesta el santo deseo de que los señores magnates del capital ferrocarrilero sean en lo futuro más pródigos en la adquisición de la cantidad necesaria de «fuerza de trabajo» y «más abstinentes» o «más renunciantes» o «más económicos» en la absorción de la fuerza del trabajo comprada.*[1]

A fines de junio de 1863 todos los diarios de Londres publicaron una noticia con el sensational *título de* Death for simple over-work *(Muerte por simple exceso de trabajo). Se trataba de la muerte de la modista María Ana Walkey, de veinte años de edad, ocupada en un respetable taller de modas explotado por una señora que respondía al inofensivo nombre de Elisa. Volvía a ser descubierta la vieja y ordinaria historia de que esas muchachas trabajan por término medio dieciséis horas y media al día; pero durante la temporada, muchas veces treinta horas sin interrupción, estimulando su agotada «fuerza de trabajo» con sherry, oporto o café. La temporada estaba en su apogeo y se trataba de hacer a la carrera los espléndidos vestidos con que nobles señoras asistirían al baile en honor de la princesa de Gales, recientemente importada. María Ana Walkey había trabajado sin descanso veintitrés horas y media, junto con otras sesenta muchachas; treinta en un cuarto que apenas contenía un tercio del aire necesario, y acostándose por la noche, a dos por cama, en un chiribitil donde, con tabiques de tabla, se había improvisado un dormitorio. Esa era una de las mejores casas de modas en Londres. María Ana Walkey enfermó el viernes y murió el domingo, para asombro de doña Elisa, sin concluir antes la última pieza del adorno. El médico señor Keys, llamado muy tarde al lecho de*

1. Carlos Marx: *El Capital*, 1. I, cap. VIII.

muerte, declaró en secas palabras ante el coroneris jury*: «María Ana Walkey ha muerto por trabajar muchas horas en un cuarto atestado de obreras y descansar en un desván muy reducido y mal ventilado». Para dar al médico una lección del arte de la vida, el* coroneris jury *declaró, por el contrario, que «la fallecida había muerto de apoplejía, pero que había razón para temer que su muerte había sido acelerada por un trabajo excesivo en un taller demasiado lleno», etc. Nuestras «esclavas blancas», exclamó el* Morning Star, *órgano de los señores librecambistas Cobden y Bright, «nuestras esclavas blancas son llevadas a la tumba por el trabajo, y se aniquilan y mueren en el olvido y el silencio».*[1]

Eduardo VI (un estatuto del primer año de su gobierno, 1547) ordena que si alguien se niega a trabajar, debe ser condenado a ser esclavo de la persona que le denuncie como ocioso. El amo debe alimentar a su esclavo con pan y agua, bebidas débiles y los residuos de carne que le parezcan buenos al efecto. Tiene el derecho de obligarle a cualquier trabajo, aun el más repugnante, por medio del azote y la cadena. Si el esclavo se ausenta por catorce días, es condenado a perpetua esclavitud y debe marcársele a fuego en la frente o en la espalda la letra S *(del* slave*; inglés, esclavo); si se escapa por tercera vez, es ejecutado como reo de traición. El amo puede venderlo, legarlo por testamento, alquilarlo como esclavo, exactamente como otro bien mueble o animal doméstico. Si los esclavos intentan algo contra los amos, deben también ser ejecutados. Los jueces de paz, con fines de información, deben seguir la pista de esos sujetos. Si se descubre que uno de ellos ha vagado tres días, debe ser llevado al lugar de su nacimiento, marcado en el pecho, a hierro candente, con la letra V (de vagabundo; inglés, vago), cargado de cadenas y puesto a trabajar en las calles o en otros servicios. Si el vagabundo indica un falso lugar de nacimiento, será castigado con ser perpetuamente esclavo de los habitantes o de las corporaciones de ese lugar y ser marcado con la letra S. Toda persona tiene derecho a quitar sus hijos a los vagabundos y tenerlos como aprendices; a los varones, hasta los veinticuatro años de edad; a las mujeres hasta los veinte. Si se escapan serán hasta esa edad esclavos de sus patronos, que pueden encadenarlos, azotarlos, etc., a su gusto. Los amos deben poner a sus esclavos un anillo de hierro en el cuello, el brazo o la pierna, para conocerlos mejor y tenerles más seguros. La última parte de este estatuto dispone que ciertos pobres deben ser ocupados por el lugar o las personas que les den de comer y de beber y encuentren*

1. Carlos Marx: *El Capital*, 1. I, cap. VIII.

trabajo para ellos. Esta especie de esclavos de parroquia se ha mantenido en Inglaterra hasta muy entrado el siglo XIX *bajo el nombre de* roundsmen *(hombres que ruedan).*[1]

Página tras página, capítulo tras capítulo, de hechos de esta naturaleza, cada uno traído para ilustrar alguna teoría fatalista que Marx pretende haber comprobado por un razonamiento exacto, no pueden por menos de enfurecer a cualquier lector obrero apasionado y avergonzar a cualquier capitalista en el que quede todavía un vestigio de generosidad y justicia.

Casi al fin del libro I, en un capítulo muy breve intitulado «Tendencia histórica de la acumulación capitalista», Marx deja ver por un momento la esperanza que se halla más allá de todo el presente horror:

Así que este proceso de transformación haya descompuesto suficientemente en extensión y en profundidad la antigua sociedad y que los trabajadores se hayan transformado en proletarios y sus condiciones de trabajo en capital, y que el modo capitalista de producción se sostenga sobre sus propios pies, la socialización ulterior del trabajo y la ulterior transformación de la tierra y demás medios de producción en medios de producción socialmente explotados, comunes; esto es, la expropiación ulterior de los propietarios privados adquiere una nueva forma. A quien hay entonces que expropiar no es ya al trabajador autónomo, sino al capitalista que explota a muchos trabajadores.

Esta expropiación realízase por la acción de las leyes inmanentes de la misma producción capitalista, por la centralización de los capitales. Cada capitalista mata a muchos otros. A la par de esta centralización, o explotación de muchos capitalistas por una minoría de ellos, se desarrolla la forma cooperativa del proceso de trabajo en una escala siempre creciente, la aplicación técnica consciente de la ciencia, la explotación metódica de la tierra, la transformación de los medios de trabajo en medios de trabajo utilizables sólo en común, la economía en

1. Carlos Marx: *El Capital,* 1. I, cap. VIII.

todos los medios de producción por su empleo como medios de producción del trabajo combinado y social, el entrelazamiento de todo los pueblos en la red del mercado universal, y así el carácter internacional del régimen capitalista. A medida que disminuye el número de los magnates del capital, que usurpan y monopolizan todas las ventajas de ese proceso de transformación, se acrece la miseria, la opresión, la servidumbre, la degeneración, la explotación; pero también la rebelión de la clase trabajadora, cada vez en aumento y más educada, unida y organizada por el propio mecanismo de la producción capitalista. El monopolio del capital se hace una traba para el modo de producción que ha florecido con él y bajo su régimen. La centralización de los medios de producción y la socialización del trabajo llegan a un punto en que son incompatibles con su envoltura capitalista. Ésta se rompe. Suena la hora postrera de la propiedad capitalista. Los expropiadores son expropiados.[1]

Esto es todo. Marx no añade una sola palabra más que permita aliviar la tenebrosidad con que está escrito desde el principio hasta el fin, y a esta implacable opresión que ejerce sobre el espíritu del lector se debe en gran parte el poder que este libro ha alcanzado.

Hay dos cuestiones que surgen de la obra de Marx. Primera, ¿son exactas sus leyes de la evolución histórica? Segunda, ¿es el socialismo deseable? La segunda cuestión es completamente independiente de la primera. Marx pretende comprobar que el socialismo *tiene* que venir, pero apenas si se ocupa de argüir que cuando venga será una cosa útil y buena. Sin embargo, puede ser que si viniese lo fuera, aunque todos los razonamientos de Marx para comprobar que tiene que venir resultaran falsos. En verdad, el tiempo ha demostrado que hay muchos defectos en las teorías de Marx. Ha sido suficiente el progreso actual del mundo para que su profecía nos demostrase

1. Carlos Marx: *El Capital*, 1. I, cap. XXIV.

que era un hombre de una rara penetración y discernimiento, pero no ha tenido la suficiente penetración para predecir la historia política o económica exactamente tal como es. El nacionalismo, lejos de disminuir, ha aumentado y no se ha dejado vencer por las tendencias cosmopolitas que Marx distinguió tan bien en la hacienda pública. A pesar de que las grandes empresas han aumentado y por muchas partes han llegado al estado de ser monopolios, el número de accionistas en dichas empresas es tan grande, que el número actual de personas interesadas en el sistema capitalista ha aumentado en relación. Además, aunque las grandes firmas hayan aumentado, ha habido también un crecimiento simultáneo de las firmas de tamaño medio. Entretanto, los jornaleros, quienes, según Marx, tienen que quedar al mismo nivel de mera existencia en que se hallaban en Inglaterra al principio del siglo XIX, han mejorado con el desarrollo general de la riqueza, bien que sea en un grado menor que los capitalistas. La supuesta ley de hierro de los salarios se ha demostrado que es falsa en cuanto tratamos del trabajo en los países civilizados. Si ahora queremos encontrar ejemplos de la barbarie capitalista análogos a los que llenan el libro de Marx, tenemos que ir por la mayor parte de nuestro material a los trópicos o, por lo menos, a las regiones donde hay hombres de una raza inferior a explotar. Además, el obrero experto de hoy es un aristócrata en el mundo del trabajo. Para él es un problema unirse con el obrero inexperto contra el capitalista, o con el capitalista contra el obrero inexperto. Muchas veces él mismo es un pequeño capitalista, y si personalmente no lo es, su Sindicato o su gremio lo será casi siempre. Por eso la agudeza de la guerra de clases no se ha afinado. Hay grados, rangos intermedios entre los ricos y los pobres, en lugar del lógico contraste neto entre los obreros que no tienen nada y los capitalistas que lo tienen todo. Aun en Alemania, que era la patria del marxismo ortodoxo, existe un poderoso partido socialdemócrata que aceptaba nominalmente la doctrina de *El Capital* como casi inspirado verbalmente por ella; aun allí, el enorme crecimiento de la riqueza en todas las clases, en los últimos años antes de la guerra, indujo a los socialistas a revisar su credo y a adoptar una actitud evolucionista más bien que revolucionaria. Bernstein, un socialista alemán que vivió mucho tiempo en Inglaterra, inauguró el movimiento «revisionista», que al fin atrajo a la mayor parte del partido. Su crítica de la ortodoxia marxista la expone en su obra *El socialismo evolucionista.*[1]

En marzo de 1914, Bernstein dio una conferencia en Budapest, en la cual se retractó de varias afirmaciones que había hecho (Véase *Budapest Volkstimme*, marzo 19, 1914).

La obra de Bernstein, como acaece también con los escritores del partido liberal avanzado de la Iglesia (como ocurre así con los escritores de un elemento liberal de cualquier ortodoxia), consiste mayormente en demostrar que los fundadores no mantenían sus doctrinas tan rígidamente como sus partidarios acérrimos. Hay muchos de los escritos de Marx y de Engels que no se pueden encajar en la ortodoxia rígida que se desarrolló entre sus discípulos.

La principal crítica que Bernstein hace de estos discípulos, aparte de la que hemos ya mencionado, consiste en la

1. *Die Voraussetzungen des Sozialismus und die Aufgaben des Sozial-Demokratie.*

defensa de una acción dirigida en pequeñas y constantes revoluciones en contra de una acción revolucionaria definitiva. Protesta contra la actitud de hostilidad injustificada contra el liberalismo, que es común entre los socialistas, que embota la agudeza del internacionalismo, que es indudablemente una parte de la doctrina de Marx. Los obreros, dice él, tienen una patria tan pronto como se hacen ciudadanos, y sobre esta base defiende aquel grado de nacionalismo que la guerra ha mostrado después que existe predominantemente en las filas de los socialistas. Aun llega hasta afirmar que las naciones de Europa tienen derecho al territorio tropical a causa de su civilización superior.

Tales doctrinas disminuyen el fervor revolucionario y tienden a transformar a los socialistas en un ala izquierda del partido liberal. La prosperidad creciente de los obreros antes de la guerra hizo que las doctrinas de Bernstein se propagasen inevitablemente.

Hasta ahora no es posible conocer si la guerra hará modificar las condiciones en este respecto. Bernstein termina con la observación:

«Debemos tomar los obreros tal como son. Además, no son ni tan universalmente pobres como se afirmó en el *Manifiesto comunista*, ni están tan libres de debilidades como sus defensores quieren hacernos creer.»

Bernstein simboliza la decadencia interna de la ortodoxia marxista. El sindicalismo representa el ataque del exterior desde el punto de vista de una doctrina que pretende ser más radical y más revolucionaria aún que la de Marx y de Engels. La actitud del sindicalismo frente a Marx se puede ver en el pequeño libro de Georges Sorel *La décomposition du marxisme* y en su obra mayor

Reflexions sur la violence. Después de citar a Bernstein, aprobándole, en tanto que critica a Marx, Sorel pasa a otras censuras de un orden distinto: indica (lo cual es verdad) que la economía teorética de Marx queda muy cerca del manchesterismo; la economía política ortodoxa, en sus comienzos, había sido aceptada por él sobre muchas opiniones de las cuales hoy se sabe que son equivocadas. Según Sorel, lo verdaderamente esencial de la doctrina de Marx es la guerra de clases. Cualquiera que se alimente de este espíritu, guarda viva el alma del socialismo mucho más verdaderamente que los que se adhieren al pie de la letra a la ortodoxia socialdemócrata. Sobre el fundamento de la guerra de clases, los sindicalistas franceses desarrollaban una crítica de Marx que es mucho más profunda que las que hemos tratado hasta ahora. La opinión de Marx sobre el desarrollo histórico puede ser más o menos equivocada, y, a pesar de eso, el sistema económico y político que intentó crear puede ser exactamente tan deseable como sus adherentes lo suponen. No obstante, el sindicalismo critica no solamente cómo Marx ve los hechos, sino también la finalidad a la cual aspira y la naturaleza general de los medios que él aconseja. Las ideas de Marx se formaban en un tiempo en que la democracia no existía todavía. Fue en este mismo año en que apareció *El Capital*, cuando los obreros de la ciudad alcanzaron por primera vez el voto en Inglaterra y el sufragio universal fue acordado por Bismarck en Alemania del Norte.

Era natural que hubiese grandes esperanzas a propósito de lo que la democracia lograría. Marx, lo mismo que los economistas ortodoxos, se figuraba que las opiniones de los hombres están guiadas por una consideración, más o menos animadas por su propio interés económico, o más bien por el interés económico de clase. Una larga práctica del juego de la democracia política ha demostrado sobre esto que Disraeli y Bismark sabían juzgar al hombre más sagazmente que los liberales y los socialistas. Cada día se va haciendo más y más difícil creer en el Estado como medio de libertad, o en partidos políticos como instrumentos suficientemente poderosos para obligar al Estado a servir al pueblo. Según Sorel, el Estado moderno «es un cuerpo de intelectuales investido de privilegios, gozando de los medios llamados políticos para defenderse contra los ataques de otros grupos intelectuales ávidos de ganarse los beneficios de los puestos públicos. Los partidos se constituyen para conquistar esos puestos y son análogos al Estado».[1]

Los sindicalistas quieren organizar los hombres no por partido, sino por ocupación. Según ellos, ésta únicamente representa el verdadero concepto y método de la lucha de clases. Por consiguiente, desprecian toda acción *política* por medio del Parlamento y las elecciones; el género de acción que ellos aconsejan es el de la acción directa por el sindicato revolucionario o unión de trabajadores.

El grito de batalla de la acción industrial contra la acción política se ha extendido mucho más allá del campo del sindicalismo francés. Se halla en los I.W.W., en América, y entre los Industrial Unionists (unionistas industriales) y Guild Socialists (socialistas gremiales) en Gran Bretaña. En mayor parte, los que la defienden también tienen una finalidad distinta a la de Marx. Creen que no puede haber ninguna libertad adecuada al indivi-

1. *La décomposition du marxisme*, p. 53.

duo donde el Estado sea socialista. Algunos son anarquistas cumplidos, que quieren ver al Estado completamente abolido; otros quieren solamente reducir su autoridad. A causa de la oposición que desde un principio existió entre los anarquistas y Marx, el sindicalismo se ha hecho muy fuerte. Es de esta oposición, en su forma más antigua, de lo que trataremos en el capítulo siguiente.

Capítulo II

BAKUNIN Y EL ANARQUISMO

Según el concepto vulgar, un anarquista es un hombre que tira bombas y perpetra otros atropellos, o porque es más o menos loco, o porque se sirve del pretexto de tener opiniones políticas extremistas para disimular tendencias criminales. Estos conceptos son, naturalmente, de todos modos inadecuados. Hay anarquistas que creen en la eficacia de las bombas; hay otros que no creen en ella. Hay hombres de casi todos los matices de opinión que creen en el bien de tirar bombas en circunstancias convenientes; por ejemplo, los que tiraron la bomba en Sarajevo, que originó la Gran Guerra, no eran anarquistas, sino nacionalistas. Además, aquellos anarquistas que favorecen el tirar bombas no son por eso distintos, en cualquier principio vital, del resto de la comunidad, con excepción de una porción infinitesimal que adopta la actitud tolstoyana de pasividad.

Los anarquistas, así como los socialistas, generalmente

tienen fe en la doctrina de la lucha de clases, y si se sirven de las bombas es del mismo modo que los gobiernos se sirven de la guerra; por cada una de las bombas fabricadas por un anarquista se fabrican por los gobiernos muchos millones de bombas, y por cada uno de los hombres muertos por la violencia anarquista mueren muchos millones por la violencia de los Estados. Por consiguiente, podemos dejar de pensar en la violencia, que tiene tanta importancia en la imaginación popular, pues no es ni esencial ni particular para los que adoptan la posición anarquista.

Anarquismo, como su etimología indica, es una teoría que se opone a todo género de autoridad impuesta. Se opone al Estado por ser la suma de las fuerzas empleadas en el gobierno de la comunidad. Para el anarquista es un gobierno tolerable el que es libre, no meramente en el sentido que tiene la mayoría, sino en el que conviene a la totalidad.

Los anarquistas protestan contra los organismos policíacos y las leyes penales, por medio de los cuales la voluntad de una parte de la comunidad es forzada por la otra.

Desde su punto de vista, la forma democrática de gobierno no es más preferible que otras formas mientras que las minorías sean llevadas por la fuerza o sean *sometidas potencialmente* a las mayorías.

La libertad es el supremo bien, según el credo anarquista, y se busca la libertad por el camino directo de la abolición de toda imposición de control de la comunidad sobre el individuo.

El anarquismo, en este sentido, no es una doctrina nueva. Ha sido expuesta admirablemente por Chuang

Tzu, un filósofo chino que vivió hacia el año 300 antes de nuestra era:

Los caballos tienen cascos para caminar sobre la escarcha y la nieve, pelo para protegerse contra el frío y los vientos. Comen hierba y beben agua, brincan en el campo; tal es la naturaleza de los caballos. Las mansiones palaciegas no sirven para ellos.

Un día apareció Po-Lo, diciendo:

—Yo sé amaestrar caballos.

Entonces los marca con un hierro candente y les esquila las crines, les corta las pezuñas y les pone bridas, los amarra por la cabeza y les ata los pies, separándolos en establos, resultando que, de cada diez, dos o tres morían. Los guarda encerrados, hambrientos y sedientos, o los hace trotar y galopar; los rastrilla y cepilla en la cabeza; el dolor de los arreos y las borlas de los adornos, y detrás la constante amenaza del látigo, hasta que más de la mitad caen muertos.

El alfarero dice:

—Yo puedo hacer lo que quiero con el barro; si quiero hacerlo redondo, uso el compás; si rectangular, la escuadra.

El carpintero dice:

—Yo puedo hacer lo que quiero con la madera; si quiero hacerla curva, uso el arco; si derecha, la regla.

¿Pero por qué razones podemos pensar que el barro y la madera desean estas aplicaciones de compases y escuadras, de arcos y reglas?

No obstante, cada época elogia a Po-Lo por sus habilidades en la doma de los caballos; a los alfareros y carpinteros, por sus trabajos en el barro y la madera. Analizo ahora el gobierno del imperio desde un punto de vista completamente opuesto. El pueblo tiene ciertos naturales instintos: teje sus trajes él mismo, ara la tierra por sí mismo.

Esto es común a toda la humanidad y todos estamos de acuerdo sobre que así es.

Estos instintos son llamados «dones del cielo»; y así, por los días en que los instintos naturales prevalecían, el hombre se movía tranquilamente y se miraba sin inquietud.

En aquella época en que nosotros no teníamos caminos que atravesasen las montañas, ni barcos, ni puentes sobre el agua.

Todo esto lo hemos producido nosotros, cada uno por sí y en su propia esfera.

Los pájaros y los animales se multiplican; los árboles y los arbustos crecen. Los primeros venían a nuestras manos y vosotros podíais subir a los árboles y ver en el nido al cuervo. Porque toda la creación era una, con pájaros y animales.

En la que no había distinción entre el hombre bueno y el malo. Desconociendo todos la virtud, no podían confundirse. No teniendo, igualmente, ningún deseo malo, se encontraban en un estado de integridad natural de la perfección de la existencia humana.

Cuando aparecieron los sabios, pusieron la zancadilla a las gentes al hablarles de la caridad, encadenándolos con la idea del amor al prójimo: la duda hizo su entrada en el mundo.

Entonces la exageración extrema del entusiasmo por la música y los remilgos por la etiqueta hicieron que el imperio llegara a dividirse contra sí mismo.[1]

El anarquismo moderno, en el sentido en que nosotros nos ocupamos de él, está asociado con la creencia en la propiedad en común de la tierra y el capital; así, en esta importante faceta se acerca al socialismo. Esta doctrina se llama propiamente comunismo anarquista, pero contiene en sí casi todo el anarquismo moderno, y, por consiguiente, podemos dejar de tratar del anarquismo totalmente individualista y concentrar nuestra atención en la forma comunista.

El socialismo y el comunismo anarquista, por igual, han nacido del concepto de que el capital privado es una fuente de tiranía de ciertos individuos sobre los otros. El socialismo ortodoxo cree que el individuo será libre si el Estado se convierte en el único capitalista. El anarquismo, por el contrario, tiene miedo de que en ese caso el Estado heredaría las tendencias tiránicas propias del capitalismo privado. Por eso busca un medio para reconciliar la posesión comunal con la mayor disminución posible

1. *Meditaciones de un místico chino.* Selecciones de la filosofía de Chuang Tzu. Con una introducción por Lionel Giles, M. A. Coxon, *La Sabiduría del Este.* Serie John Murray, 1911, páginas 66-8.

de los poderes del Estado, y, como fin, la abolición completa del Estado. Ha nacido, principalmente, dentro del movimiento socialista como si fuera su ala extrema izquierda.

De la misma manera que se puede considerar a Marx como el fundador del socialismo moderno, Bakunin puede ser considerado como el fundador del comunismo anarquista; pero Bakunin no ha producido, como Marx, un cuerpo acabado y sistemático de doctrina.

Lo que se puede recoger de su doctrina debemos buscarlo en los escritos de su discípulo Kropotkin. Para explicar el anarquismo moderno empezaremos con Bakunin[1], y daremos después, en la historia de sus disputas con Marx, un breve relato de la teoría anarquista, expuesta parcialmente en sus escritos, pero en su mayor parte sacada de las obras de Kropotkin.

Miguel Bakunin nació en 1814, de una familia aristocrática rusa. Su padre era un diplomático, que por los días del nacimiento de Miguel se había retirado a su pueblo, situado en el gobierno de Tver.

Bakunin ingresó en la Escuela de Artillería de Petersburgo a la edad de quince años, y a la de dieciocho fue enviado como abanderado a un regimiento destinado en el departamento de Minsk. La insurrección polonesa del 1830 acababa de ser ahogada en sangre. «El terrorífico espectáculo de Polonia —dice Guilleume— impresionó y actuó con fuerza en la cabeza del joven oficial y contribuyó a inspirar en él el horror al despotismo». Esto le

1. Un relato de la vida de Bakunin se halla, desde el punto de vista anarquista, en el volumen II de la edición completa de sus obras: Michel Bakounine, *Œuvres, tome II. Avec une notice biographique des avant-propos et des notes, par James Guilleume.* París, P. V. Stock, Editeur, pp. V. LXIII.

hizo abandonar la carrera militar después de dos años de prácticas.

En 1834 deja su empleo y vuelve a Mosc, en donde dedica seis años de su vida a estudiar filosofía. Como todos los estudiantes de filosofía de aquella época, Bakunin es un hegeliano. En 1840 va a Berlín a continuar sus estudios, con la intención de prepararse para ser profesor. Algún tiempo después sus opiniones e ideas sufren un cambio radical.

Cree Bakunin que es imposible aceptar la teoría hegeliana de que todo lo que existe es racional, y en 1842 emigra a Dresde, donde se asocia con Arnold Ruge, el autor del *Deutsche Jahrbuecher* (Anuario Alemán); es en esta época cuando se *convierte* en un revolucionario, y al año siguiente provoca la hostilidad del gobierno sajón contra él. Esto le hace marcharse a Suiza, donde se pone en contacto con un grupo de comunistas alemanes; pero la policía suiza le importuna y el Gobierno ruso pide su extradición; marcha a París, donde reside desde 1843 a 1847.

Estos años de París influyen mucho en la formación de sus creencias y opiniones. Allí hace amistad con Proudhon, que ejerció considerable influencia sobre él; también con George Sand y con otras muchas personalidades renombradas. Fue allí, en París, donde conoció a Marx y Engels; es contra ellos contra quienes el destino le obligaría a luchar toda su vida. Más tarde, en 1871, escribe el siguiente relato de sus relaciones con Marx en aquella época:

Marx era mucho más avanzado que yo; hoy se encuentra mucho más atrasado, incomparablemente más atrás que yo; yo no sabía nada de economía política. No había leído las abstracciones metafísicas y mi socialismo era completamente instintivo. Era él ya un ateo, un materialista preparado, un socialista bien considerado. Fue justamente por este tiempo cuando elaboraba los primeros fundamentos de su presente sistema. Nosotros nos entrevistamos bastantes veces, porque yo lo respetaba mucho por su preparación y su apasionada y seria devoción (siempre mezclada, no obstante, de vanidad personal) a la causa del proletariado, y yo buscaba ávidamente su conversación, que era siempre instructiva e inteligente cuando no era inspirada por un rencor mezquino, lo que desgraciadamente le ocurría demasiadas veces. Pero no hubo nunca una intimidad franca entre nosotros. Nuestros temperamentos no lo permitían. Él me llamó un idealista sentimental, y tenía razón; yo le llamé un hombre vanidoso, pérfido y pícaro, y yo también tenía razón.

Bakunin no podía vivir mucho tiempo en ningún sitio sin incurrir en la persecución y enemistad de las autoridades. En noviembre de 1847, como resultado de un discurso en el que elogiaba la sublevación polonesa de 1830, fue expulsado de Francia a petición de la embajada rusa, que, a fin de privarle de la simpatía pública, propalaba la insidia de que era un agente secreto del gobierno ruso, destituido por demasiado extremista. El gobierno francés, con un silencio intencionado, fomentaba esta historia, que quedó adherida a él casi toda su vida.

Obligado a abandonar Francia, fue a Bruselas, donde reanudó sus relaciones con Marx. Una carta suya, escrita por este tiempo, muestra aquel odio atroz que tenía contra Marx, con mucha razón:

Los artesanos alemanes Bornstedt, Marx y Engels —y sobre todo Marx— están aquí, haciendo su daño habitual. Vanidad, despecho, chismes y altivez acerca de las teorías; pusilanimidad en la práctica —reflexiones sobre la vida, la acción y la sencillez, y una ausencia completa de vida, acción y sencillez—; artesanos literarios y disentidores, con una coquetería repulsiva en ellos. «Feuerbach es un burgués», y el término «burgués» aumentado en un epíteto repetido, ad nauseam*; pero cada uno de ellos, desde la cabeza hasta los pies, en absoluto, totalmente es un burgués provinciano. En una palabra, mentira y estupidez, estupidez y mentira. En esta sociedad no hay posibilidad de tomar aliento amplio y libre. Yo me mantengo apartado de ellos y he declarado decididamente que no me afiliaré a su unión comunista de artesanos y no tendré nada que ver con ella.*

La Revolución de 1848 le hizo volver a París y desde allí a Alemania. Tuvo una disputa con Marx sobre una cuestión en la cual él mismo confesó más tarde que Marx tenía razón. Se hizo miembro del Congreso eslavo de Praga, donde intentó, sin éxito, promover una sublevación eslava. Hacia el fin del año 1848 escribió un «Llamamiento a los eslavos», exhortándoles a unirse con otros revolucionarios para destruir las tres monarquías tiránicas: Rusia, Austria y Prusia. Marx publicó un ataque contra él, diciendo, en efecto, que el movimiento para la independencia de los bohemios era inútil, porque los eslavos no tenían porvenir, por lo menos en aquellas regiones donde estaban sujetos a Alemania o Austria. Bakunin acusó a Marx de patriota alemán en esta cuestión y Marx a Bakunin de ser paneslavista; reproche indudablemente justo en ambos casos. Pero antes de esta disputa hubo una mucho más seria. El periódico de Marx, la *Neue Rheinische Zeitung*, afirmó que George Sand tenía papeles que probaban que Bakunin era agente del gobierno ruso y uno de los responsables de la reciente detención de muchos polacos. Bakunin, naturalmente, repudió la acusación, y George Sand escribió a la *Neue Rheinische Zeitung* negando la afirmación *in toto*. Las desmentidas fueron publicadas por Marx, reconciliándose aparentemente; pero desde aquel momento no disminuyó realmente la hostilidad que existía entre los dos caudillos rivales, que no volvieron a entrevistarse hasta el año 1864.

Mientras tanto la reacción había avanzado en todas partes. En mayo de 1849, una sublevación en Dresde hizo que los revolucionarios se adueñaran de la ciudad; dominaron durante cinco días, estableciendo un gobierno revolucionario. Bakunin era el alma de la defensa que hicieron contra las tropas prusianas. Pero fueron vencidos y, al fin, Bakunin fue capturado cuando intentaba escapar con Heubner y Richard Wagner, quien, afortunadamente para la música, no fue detenido.

Empieza ahora un largo período de encarcelamientos por muchas cárceles de varios países.

Bakunin fue condenado a muerte el 14 de enero de 1850, pero la sentencia fue conmutada después de cinco meses y fue entregado a Austria, que pretendía el privilegio de castigarle. Los austríacos, en su turno, le condenaron a muerte en mayo de 1851, y otra vez su sentencia fue conmutada por la de prisión para toda la vida. En las cárceles austríacas llevaba cadenas en las manos y los pies, y aún más: en una estuvo encadenado al muro por la cintura. Parece que había un placer personal en castigar a Bakunin, pues el gobierno ruso, a su tiempo, pidió su extradición a los austríacos, que se lo entregaron. En Rusia estuvo detenido, primero en la fortaleza de Pedro y Pablo, y después en la de Schlusselburg. Allí padeció el escorbuto, cayéndosele todos los dientes.

Su salud quedó completamente aniquilada y le fue casi imposible asimilar alimentos. «Pero si su cuerpo se había debilitado, su espíritu se conservaba aún inflexible. Temía, sobre todas las cosas, encontrarse un día reducido por el sufrimiento extenuante de la cárcel a una condición de degradación de la cual Silvio Pellico es un ejemplo conocido. Temió que dejaría de odiar, que sentiría apagarse en su corazón el sentimiento de rebeldía que le sostenía, que acabaría perdonando a sus perseguidores y sometiéndose y resignándose a morir. Pero este miedo era sin fundamento, pues su energía no le abandonó un solo día y salió de su celda exactamente igual que cuando entró.»[1]

Después de la muerte del zar Nicolás hubo una amnistía para muchos de los presos políticos, pero Alejandro II borró con su propia mano el nombre de Bakunin de la lista. Cuando la madre de Bakunin logró tener una entrevista con el nuevo zar, éste le dijo: «Tiene usted que saber, señora, que su hijo será prisionero mientras viva.» A pesar de esto, en el año 1857, después de ocho años de prisión, fue enviado con una relativa libertad a Siberia. Desde allí, en el año 1861, logró escapar al Japón, y después, a través de América, llegar a Londres. Había sido encarcelado por su hostilidad frente a los gobiernos; pero, ¡cosa rara!, sus sufrimientos no habían tenido el efecto intentado de hacerle amar a los que se los causaron. Desde este momento en adelante se dedicó a difundir el espíritu de la rebelión anarquista, sin ser detenido otra vez. Durante unos años vivió en Italia, donde fundó, en el año 1864, la «Fraternidad Internacional» o la «Alianza de Socialistas Revolucionarios». En esta asociación se alistaron hombres de muchos países, pero, al parecer, ninguno de Alemania.

Se dedicó en Italia principalmente a luchar contra el

1. Ibíd., p. XXVI.

nacionalismo de Mazzini. En el año 1867 se marchó a Suiza, en donde al año siguiente colaboró en la organización de la «Alianza Internacional de la Democracia Socialista», de la cual él redactó el programa. Este programa da un sucinto y buen resumen de sus opiniones.

La Alianza se declara atea; desea la abolición definitiva y absoluta de las clases, la igualdad política y la igualación social de los individuos de ambos sexos. Desea que la tierra, los instrumentos de trabajo, como todo capital, sean propiedad colectiva de la sociedad entera, no pudiendo ser utilizados más que por los trabajadores, es decir, por las asociaciones agrícolas e industriales. Reconoce que todos los Estados existentes actualmente, políticos y autoritarios, reduciéndose más y más a las funciones meramente administrativas de los servicios públicos en sus países respectivos, tienen que desaparecer en la unión universal de las asociaciones libres, tanto agrícolas como industriales.

La Alianza Internacional de la Democracia Socialista quiso hacerse una sección de la Asociación Internacional de Trabajadores, pero se negaron a admitirla en razón de que las secciones tienen que ser locales y no pueden ser ellas mismas internacionales. No obstante, el grupo de Ginebra de la Alianza fue admitido más tarde, en julio de 1869.

La Asociación Internacional de Trabajadores se había fundado en Londres en 1864, y sus estatutos y programa fueron redactados por Marx. Bakunin, al principio, no creía que tendría éxito y se negó a afiliarse. Se difundía con una rapidez extraordinaria en muchos países, y en poco tiempo se hizo una gran fuerza para la propagación de las ideas socialistas. Originalmente no era en modo alguno un socialista puro, pero en los congresos siguientes Marx le ganó para su causa. En su tercer congreso, en Bruselas, en septiembre de 1868, se hizo definitivamente socialista.

Mientras tanto, Bakunin, que se arrepintió de su abstención previa, se decidió a afiliarse y llevó con él un grupo importante de adherentes de la Suiza francesa, Francia, España e Italia. En el cuarto congreso en Basilea, en septiembre de 1869, había dos corrientes muy destacadas: los alemanes y los ingleses, que seguían a Marx en su fe de cómo el Estado tenía que ser después de la abolición de la propiedad privada; le siguieron a Marx también en su deseo de fundar partidos obreros en los varios países y utilizar la maquinaria de la democracia para elegir representantes del trabajo en los Parlamentos. En el otro lado, las naciones latinas, en general, seguían a Bakunin en oponerse al Estado y en negar la eficiencia de la maquinaria del gobierno representativo. El conflicto entre estos dos grupos se enconó cada vez más y cada uno acusó al otro de varios delitos. La insidia de que Bakunin era confidente se repitió, pero fue retirada después de una investigación. Marx escribió en una comunicación confidencial a sus amigos alemanes, que Bakunin era agente del partido paneslavista y que recibía de éste veinticinco mil francos por año. Mientras tanto, Bakunin se interesaba momentáneamente en incitar a una tentativa de rebelión a los agricultores de Rusia, y esto le hizo alejarse de la lucha en la Internacional en el momento decisivo.

Durante la guerra francoprusiana, Bakunin defendió apasionadamente a Francia, especialmente después de la caída de Napoleón III. Intentó animar al pueblo a resistir revolucionariamente como en 1793 y se complicó en una tentativa de sublevación en Lyon, que abortó. El gobierno francés le acusó de ser agente pagado por Prusia, y él se escapó con dificultad a Suiza. La disputa contra Marx y sus discípulos se había exacerbado en el problema nacional. Bakunin, así como Kropotkin más tarde, consideró el nuevo poder de Alemania como la mayor amenaza a la libertad del mundo. Odia a los alemanes con un odio atroz, indudablemente, en parte, a causa de Bismark, pero probablemente aún más a causa de Marx. Hasta ahora el anarquismo ha quedado limitado casi exclusivamente a los países latinos y ha ido asociado con un odio a Alemania nacido de las contiendas entre Marx y Bakunin en la Internacional.

La supresión final del grupo de Bakunin ocurrió en el Congreso General de la Internacional, en La Haya, en 1872. El sitio para reunirse fue escogido por el Concilio General (con lo cual Marx quedó sin oposición), con la intención —así afirmaron los amigos de Bakunin— de hacerle imposible a éste que pudiera acudir, a causa de la hostilidad de los gobiernos francés y alemán, y dificultar que lo hicieran sus amigos. Bakunin fue expulsado de la Internacional a consecuencia de una información acusándole, *inter alia*, de haber robado y amedrentado.

La ortodoxia de la Internacional fue salvada, pero a costa de su vitalidad. Desde este momento dejó de ser un poder en sí misma, pero ambas secciones siguieron trabajando en sus varios grupos, y los grupos socialistas especialmente crecieron con rapidez. Finalmente se formó una nueva Internacional (1889), que continuó hasta el estallido de la guerra actual. En cuanto al porvenir del socialismo internacional, sería precipitado hacer profecías, aunque parezca que la idea del internacionalismo ha adquirido fuerza bastante para necesitar otra vez, después de la guerra, de un medio de expresión algo parecido al que encontraba antes en los congresos socialistas.

Por este tiempo la salud de Bakunin estaba completamente perdida, y, con excepción de breves intervalos, vivió retirado hasta su muerte, en 1876. Su vida, distinta de la de Marx, fue muy turbulenta. Todo género de rebelión contra la autoridad excitaba siempre su simpatía, y en su apoyo no hizo caso alguno del peligro de su persona. Su influencia, indudablemente muy grande, venía principalmente de su fuerte personalidad, impuesta sobre personas importantes. Sus escritos se diferenciaban de los de Marx tanto como su vida, y, del mismo modo que ésta, son caóticos, en su mayor parte inspirados por un acontecimiento transitorio; abstractos y metafísicos, excepto cuando tratan de la política del momento. No llega a tratar los hechos económicos, quedándose generalmente en las regiones de la teoría y la metafísica. Cuando desciende de estas regiones está mucho más preocupado que Marx por las tendencias actuales de la política internacional, y mucho menos imbuido de los resultados de la teoría de que las causas económicas son fundamentales.

Elogió a Marx por haber enunciado esta doctrina[1]; pero, no obstante, siguió pensando dentro de los términos nacionales. La obra más completa de Bakunin es *L'Empire Knouto-Germanique et la Révolution Sociale*;

1. «Marx, como pensador, está en el buen camino. Ha establecido como principio que todas las evoluciones políticas, religiosas y jurídicas en la historia no son las causas, sino los efectos de las evoluciones económicas. Este es un gran pensamiento provechoso que él no ha inventado completamente; ha sido parcialmente percibido y expresado por muchos otros; pero, de todas maneras, es a él a quien se le debe el haberlo establecido sólidamente y enunciado como base de todo su sistema económico.» (1870, *ibíd.*, II, p. XIII).

trata principalmente del Estado de Francia durante las últimas etapas de la guerra francoprusiana y de los medios de resistir al imperialismo alemán. La mayor parte de su obra fue escrita de prisa, durante un intervalo entre dos sublevaciones. Hay algo de anarquismo en su falta de orden literario. Su obra mejor conocida es un fragmento llamado por sus editores *Dios y el Estado*.[1]

Expone esta obra que la creencia en Dios y en el Estado son los dos grandes obstáculos a la libertad humana. Un pasaje típico servirá para ilustrar su estilo:

«El Estado no es en ningún modo la sociedad; no es más que una forma histórica tan brutal como abstracta. Ha nacido históricamente en todos los países del matrimonio, de la violencia, de la rapiña, del pillaje; en una palabra, de la guerra y de la conquista, con los dioses creados sucesivamente por la fantasía teológica de las naciones. Desde su origen ha sido y lo es hasta el presente la sanción divina de la fuerza brutal y de la iniquidad triunfante.

El Estado es la autoridad, es la fuerza, es la ostentación y la fatuidad de la fuerza. No se insinúa, no procura convertir... Aun cuando procura el bien, perjudica, precisamente porque él lo impone y porque toda imposición provoca y suscita las rebeldías legítimas de la libertad, y porque el bien, desde el momento en que es impuesto, desde el punto de vista de la verdadera moral, de la moral humana, no divina indudablemente, desde el punto de vista del respeto humano y de la libertad, el bien, repito, se convierte en mal. La libertad, la moralidad y la dignidad del hombre consisten precisamente en esto, en que él mismo haga el bien, no porque nadie se lo imponga, sino porque lo concibe, lo quiere, lo ama[2].

No encontramos en la obra de Bakunin un cuadro distinto de la sociedad que él tenía como finalidad, ni

1. Este título no es de Bakunin: fue dado por Cafiero y Eliseo Reclus, que lo editaron sin saber que era un fragmento de lo que él destinó a ser la segunda versión de *L'Empire Knouto-Germanique*.

2. De la traducción de Núñez de Prado.

argumento alguno para comprobar que una tal sociedad pueda ser estable. Si nosotros queremos comprender el anarquismo, debemos volvernos hacia sus discípulos, y particularmente hacia Kropotkin, como él, un aristócrata ruso que conocía muy bien las cárceles de Europa, y, como él, un anarquista que, a pesar de su internacionalismo, está imbuido de un odio furibundo a los alemanes.

Kropotkin ha dedicado muchos de sus escritos a las cuestiones técnicas de la producción. En *Campos, fábricas y talleres* y *La conquista del pan* ha tratado de comprobar que si la producción fuese más científica y mejor organizada, una cantidad pequeña comparativamente de trabajo hecho con agrado bastaría para que la gente viviera cómodamente. Aun si nosotros suponemos, como probablemente es seguro, que exagera un poco, lo que es posible por no tener los conocimientos científicos actuales, debemos conceder que sus afirmaciones son en gran parte ciertas. En su manera de tratar el problema de la producción ha demostrado que sabe cuál es la cuestión realmente decisiva. Si la civilización y el progreso tienen que ser compatibles con la igualdad, es preciso que esta igualdad no necesite de largas horas de duro trabajo para las pocas necesidades de la vida, pues donde no hay horas libres, el arte y la ciencia mueren y todo progreso se hace imposible. Las objeciones que algunos hacen al socialismo y al anarquismo sobre este argumento no pueden ser mantenidas en vista de la posible productividad del trabajo.

El sistema de Kropotkin tiene como finalidad, sea o no sea posible, exigir indudablemente un perfeccionamiento muy grande de los métodos de producción corrientes hoy. Quiere abolir totalmente el sistema de salarios, no solamente como quieren la mayoría de los socialistas (es decir, en el sentido de que un hombre tiene que ser pagado más por su buena voluntad puesta en el trabajo que por el trabajo actual que de él se exige), sino en un sentido más fundamental: no habrá la obligación de trabajar, y todas las cosas serán compartidas en proporciones iguales entre todo el pueblo. Kropotkin confía en la posibilidad de hacer agradable el trabajo; mantiene que en una comunidad como él la prevé, casi todo el mundo preferirá el trabajo a la holganza, porque el trabajo no implicará ni esfuerzo excesivo, ni esclavitud, ni aquella especialización obligada por el industrialismo, sino será únicamente una actividad agradable para ciertas horas del día, que darán al hombre la ocasión para expresar sus impulsos e inquietudes espontáneamente y constructivamente. No habrá ni coacción, ni derecho, ni gobierno que emplee fuerza; habrá aún actos de la comunidad; pero éstos nacerán del consentimiento universal y no de cualquier sumisión forzada, ni aún por la más pequeña minoría. Examinaremos más tarde hasta qué punto un ideal de este género puede realizarse, pero no se puede negar que Kropotkin presenta su doctrina con encanto extraordinario y gran persuasión.

Nosotros no haríamos más que justicia al anarquismo si no dijéramos algo de su lado más negro: el lado que le ha llevado al conflicto con la policía y le ha hecho ser una palabra de terror entre los ciudadanos. En sus doctrinas generales no hay nada que implique esencialmente el empleo de métodos violentos o de odio feroz a los ricos, y muchos de los que adoptan estas doctrinas generales son personalmente bondadosos y por temperamento contrarios a la violencia. Pero el tono general de la prensa anarquista y de los anarquistas es amargo hasta un grado que parece casi veneno, y el llamamiento, sobre todo en los países latinos, se hace más a la envidia de los afortunados que a la compasión por los desgraciados. Una descripción real y amena. aunque no enteramente veraz, hecha desde un punto de vista hostil, se halla en un libro titulado *Le péril anarchiste*, por Félix Dubois (París, 1894), que, además, reproduce un número de caricaturas de periódicos anarquistas. La rebelión contra la ley conduce naturalmente, a excepción de aquellos que están imbuidos por una pasión real por la humanidad, a un relajamiento de todas las leyes morales usualmente aceptadas y a un espíritu agrio de crueldad que usa de represalias, y del cual difícilmente se puede hacer algo bueno.

Uno de los rasgos más curiosos del anarquismo popular es su martirologio, imitando las formas cristianas, con la guillotina (en Francia) en vez de la cruz. Muchos de los que han muerto a manos de las autoridades por causa de actos de violencia eran indudablemente genuinas víctimas de su fe en la causa; pero puede ser que otros, que han sido igualmente glorificados, no lo fueran. Uno de los ejemplos más curiosos de esta manera de expresar un impulso religioso reprimido es el culto a Ravachol, que fue guillotinado en 1892, culpado de varios atentados por medio de la dinamita. Su pasado no era muy limpio, pero murió desafiando; sus últimas palabras fueron estos tres versos de una canción anarquista conocida, el «Chant du Père Duchesne»:

Si tu veux être heureux,
¡Nom de Dieu!
Pends ton propietaire[1].

1. Si quieres ser feliz —¡por el nombre de Dios!— ahorca a tu propietario.

Como era natural, los anarquistas más importantes no tomaron parte en la canonización de su memoria; no obstante, se procedió a ella con las extravagancias más asombrosas.

Sería completamente injusto juzgar la doctrina anarquista o las teorías de sus representantes más importantes por tales fenómenos; pero quede el hecho de que el anarquismo atrae a sí a muchos de los que se hallan muy cerca de la locura y del crimen común.[1]

Es preciso hacer recordar esto para disculpar a las autoridades y al público irreflexivo, que confunden muchas veces y odian igualmente a los parásitos del movimiento que a los hombres verdaderamente heroicos y elevados que han elaborado sus teorías y sacrificado su comodidad y su éxito personal por propagar las doctrinas del anarquismo.

La campaña terrorista en la cual hombres tales como Ravachol actuaban, terminó virtualmente en el año 1894. Después de aquel período, bajo la influencia de Pelloutier, el mejor tipo de anarquista encontró una manera de expresarse menos dañosa al resguardo del sindicalismo revolucionario dentro de las Uniones de trabajadores y las Bolsas de trabajo[2].

1. La actitud de los mejores anarquistas es la expresada por L. S. Bevington en las palabras siguientes: «Naturalmente, nosotros sabemos que entre los que se llaman anarquistas hay una minoría de entusiastas desequilibrados que consideran todo acto de violencia legal y sensacional como una causa de su alegría histérica. Muy útiles a la policía y a la prensa, flojos de inteligencia y faltos de principios morales, éstos se han mostrado asequibles a consideraciones venales. Ellos, su violencia y también el anarquismo que ellos profesan, son cotizables, y, como último recurso, partidarios gratos y activos de la burguesía en su guerra cruel contra los salvadores del pueblo.» Su conclusión es muy razonable: «Dejamos la matanza y la mutilación en grande al gobierno, a los hombres de Estado, a los bolsistas, a los oficiales y a sus leyes.» (*Anarchism and violence*, 1896).

2. Ver capítulo siguiente.

La organización económica de la sociedad, tal como la conciben los anarcocomunistas, no se diferencia mucho de la que desean los socialistas. La diferencia es una cuestión de gobierno; aquéllos pretenden que el gobierno tiene que necesitar del consentimiento de todos y no tan sólo de la mayoría. No se puede negar que el gobierno de una mayoría pueda ser casi tan hostil a la libertad como el gobierno de una minoría. El derecho divino de las mayorías es un dogma tan alejado de la verdad absoluta como cualquier otro. Un fuerte Estado democrático puede fácilmente caer en la opresión de sus mejores ciudadanos, es decir, de aquellos cuya independencia de espíritu pueda darles una fuerza de progreso. La experiencia ha demostrado que el gobierno parlamentario democrático está muy lejos de lo que los primeros socialistas esperaban, y la rebelión anarquista contra él no es nada sorprendente. Pero en la forma del anarquismo puro esta rebelión ha quedado en potencia dividida. Es el sindicalismo y los movimientos que han nacido del sindicalismo quienes han popularizado la rebelión contra el gobierno parlamentario y los medios puramente políticos para liberar al trabajador. Este movimiento debe ser tratado en un capítulo aparte.

CAPÍTULO III

LA REBELIÓN SINDICALISTA

El sindicalismo nació en Francia como una rebelión contra el socialismo político; para comprenderlo debemos hacer un boceto de la posición que los partidos socialistas habían conseguido en diferentes países.

Después de un gran retroceso causado por la guerra francoalemana, el socialismo revivió poco a poco, y en todos los países de la Europa occidental los partidos socialistas han ido aumentando su fuerza numérica casi constantemente durante los últimos cuarenta años; pero, como pasa siempre con una secta crecida, la intensidad de la fe ha ido disminuyendo a medida que el número de los creyentes han ido aumentando.

En Alemania, el partido Socialista se hizo el sector más fuerte del Reichstag, y, a pesar de algunas diferencias de opinión entre sus miembros, preservó su unidad formal con aquel instinto de disciplina militarista que caracteriza a la nación alemana. En la elección del Reichstag en 1912, el partido socialista consiguió una tercera parte del número total de votos: tenía 110 diputados en un total de 397. Después de la muerte de Bebel, los revisionistas, que recibieron su primer impulso de Bernstein, vencieron a los marxistas más estrictos, y el partido se convirtió, en efecto, solamente en un partido de radicalismo avanzado. Es ahora demasiado pronto para especular sobre cuál será el efecto de la escisión entre los socialistas de la mayoría y los de la minoría, que se produjo durante la gran guerra europea. En Alemania no hay casi indicios de sindicalismo; su doctrina característica, es decir, la preferencia por la acción industrial a la acción política, no ha encontrado apoyo casi en nadie.

En Inglaterra, Marx no ha tenido nunca muchos discípulos. En este país el socialismo ha sido inspirado principalmente por los fabianos (datan de 1883), que abandonaron la defensa de la revolución, la doctrina marxista del valor y la guerra de clases. Lo que quedó era el socialismo de Estado y la doctrina de la «penetración». Los funcionarios del Estado debían compenetrarse de que la realización del socialismo aumentaría enormemente sus poderes. Las asociaciones de trabajadores debían comprender que ya había pasado el día para una acción puramente industrial y debían esperar que el gobierno (secretamente estimulado por los funcionarios simpatizantes) efectuaría poco a poco las partes del programa socialista que despertaban más hostilidad entre los ricos. El partido Laborista Independiente (formado en 1893) estaba casi completamente inspirado, al principio, en las ideas de los fabianos, a pesar de haberse sostenido hasta hoy, y especialmente después del comienzo de la guerra, con mucho más entusiasmo que en un principio los socialistas. Siguieron teniendo como ideal la cooperación con las organizaciones industriales de los jornaleros, y principalmente gracias a sus esfurzos, el partido Laborista se formó en 1900 por la combinación de las Uniones de trabajadores y los socialistas políticos. Después del año 1909 todas las Uniones importantes han pertenecido a este partido; pero a pesar de que su fuerza procede de las Uniones de trabajadores, ha representado más la acción política que la industrial. Su socialismo ha sido de un orden teorético más que académico, y en la práctica, hasta el comienzo de la guerra, los diputados laboristas en el Parlamento (en 1904 fueron elegidos treinta, y en diciembre de 1910, cuarenta y dos) pueden ser considerados casi como una parte del partido Liberal.

Francia, distinta de Inglaterra y Alemania, no se contentó solamente con repetir las viejas palabras de las consignas con una continua disminución de la convicción. En Francia[1] un nuevo movimiento, conocido en su origen con el nombre de sindicalismo revolucionario y después sencillamente con el de sindicalismo, mantenía vivo el vigor del primer impulso y se conservó leal al espíritu de los viejos socialistas, aunque alejándose de la letra. El sindicalismo, distinto del socialismo y del anarquismo, partió de una organización existente y desarrolló sus propias ideas, mientras que el socialismo y el anarquismo empezaron con ideas y tan sólo después desarrollaron las organizaciones que les sirven de medio. Para

1. Y también en Italia. Un relato bueno y breve del movimiento italiano es el de A. Lanzillo, *Le mouvement ouvier en Italie*. Bibliothèque du Mouvement Prolétarien. Ver también *Le Sindicalisme Européen*, capítulo VI, por Paul Louis. Por otro lado, Cole (*World of Labour*, capítulo VI) considera la fuerza del verdadero sindicalismo en Italia como pequeña.

comprender el sindicalismo tenemos primero que describir la organización de los sindicatos en Francia y su ambiente político. De este modo las ideas del sindicalismo aparecerán como el resultado natural de la situación política y económica. Apenas si alguna de estas ideas es nueva: casi todas son derivadas del grupo bakunista de la vieja Internacional.[1]

La vieja Internacional tenía un éxito considerable en Francia antes de la guerra francoalemana; en efecto, en 1869 se estima que tenía unos 250.000 afiliados franceses. En el mismo año, un delegado francés en el Congreso de la Internacional en Basilea hizo una proposición casi idéntica al programa sindicalista.[2]

La guerra de 1870 terminó con el movimiento socialista en Francia. Fue con Jules Guesde con quien empezó el renacimiento socialista en 1877. Los franceses, distintos de los socialistas alemanes, se han dividido en muchos grupos. Cerca del año 1822 hubo una escisión entre los socialistas parlamentarios y los anarquistas-comunistas. Éstos pensaban que la primera actuación de la revolución social debía ser la destrucción del Estado, y preferían no tener relación alguna con la política parlamentaria. Los anarquistas, desde 1883 en adelante, tuvieron éxito en París y en el Sur.

1. Esto está muchas veces reconocido por los sindicalistas mismos. Véase, por ejemplo, un artículo sobre «La vieja Internacional», en el *Sindicalist* de febrero de 1913, que después de hacer un relato de la lucha entre Marx y Bakunin y del criterio de un simpatizante del último, dice: «Las ideas de Bakunin son ahora más vivas que nunca.»

2. Ver páginas 42-3 y 160 de *Sindicalism in France*, por Louis Levine, Ph. D. (Columbia University, *Studies in Political Science*, volúmenes X-XI, núm. 3). Este es un relato fiel y muy objetivo del origen y progreso del sindicalismo francés. Un breve y admirable tratado sobre las ideas y la posición actual se halla en el libro de Cole *World of Labour*, especialmente los capítulos III, IV y XI.

Los socialistas afirmaban que el Estado desaparecerá seguramente cuando la sociedad socialista se establezca. En 1882 los socialistas se dividieron entre los discípulos de Guesde, que pretendían representar el socialismo revolucionario y el científico de Marx, y los discípulos de Paul Brousse, quienes eran más oportunistas y se llamaban «positivistas» y no hacían mucho caso de las teorías de Marx. En 1890 hubo una escisión de los broussistas, que seguían a Allemane, y, nutriéndose de los elementos más revolucionarios del partido y de algunos de los sindicatos más fuertes, se convirtieron en las principales fuerzas. Otro grupo lo constituían los socialistas independientes, entre quienes se hallaban Jaurés, Millerand y Viviani.[1]

Las disputas entre las varias secciones de los socialistas causaron dificultades a la Uniones de trabajadores y ayudaron a efectuar la resolución de excluir la política de las Uniones. De esto al sindicalismo no había más que un fácil paso.

Después del año 1905, y de la unión entre el partido Socialista de Francia (Parti Ouvrier Socialiste Revolutionnaire Français, bajo el caudillaje de Guesde) y el partido Socialista Francés (bajo la jefatura de Jaurés), quedaron solamente dos grupos de socialistas: el partido Socialista Unido y los independientes, que son intelectuales que no quieren sujetarse a un partido. En la elección general de 1914, el partido Socialista Unido tenía 102 candidatos elegidos, y los independientes 30, en un total de 590.

Las tendencias hacia una reconciliación entre los varios grupos se encontraron seriamente interrumpidas

1. Ver Levine, loc. cit., cap. II.

por un acontecimiento de una trascendencia considerable para todo el desarrollo de las ideas políticas avanzadas en Francia, es decir, el hecho de que el socialista Millerand aceptó un cargo en el gabinete Waldeck-Rousseau en 1899. Millerand, como se esperaba, dejó de ser socialista, y los adversarios de la acción política indicaron que su evolución era un indicio de la vanidad por los triunfos políticos, pues muchos de los políticos franceses que han llegado al poder han empezado su carrera política como socialistas y han terminado muchas veces por emplear el ejército como medio de represión contra los huelguistas. La acción de Millerand fue una de las más notables y dramáticas entre un sinnúmero de otras del mismo género. El resultado de todas las tropelías políticas acumuladas fue la gran desconfianza que nació entre los trabajadores franceses, más conscientes y preparados contra la política, y este estado de espíritu abonó el terreno a la propaganda del sindicalismo. El sindicalismo representa esencialmente el punto de vista del productor frente al consumidor en lo concerniente a la reforma del trabajo actual, a la organización de la industria, y no solamente en la pretensión de obtener mayores salarios. Es de esta idea de donde se deriva su vigor y su carácter distinto. Aspira a sustituir la acción política por la acción industrial y se sirve de la organización de las Uniones de trabajadores para los fines para que el socialismo ortodoxo utiliza el Parlamento. *Sindicalisme* era, en su origen, tan sólo el nombre francés que se daba a las organizaciones de las Uniones de trabajadores; pero los miembros de las Uniones de trabajadores de Francia se dividieron en dos secciones: reformista y revolucionaria, y solamente ésta profesaba las ideas que ahora asociamos con el término «sindicalismo». Es completamente imposible suponer en lo que se refiere a la organización de las ideas de los sindicalistas qué quedará intacto al terminar la guerra, y todo lo que diremos debe ser considerado como aplicado solamente a los años anteriores a ella.

Puede resultar que el sindicalismo francés, como movimiento diferente de los otros, haya muerto; pero aun en aquel caso no habrá perdido su importancia, puesto que ha dado un impulso y una nueva dirección a la parte más vigorosa del movimiento obrero en todos los países civilizados, con la posible excepción de Alemania.

La organización de la cual el sindicalismo dependía era la Confederación General del Trabajo, usualmente conocida por la C.G.T., fundada en 1895, pero que ha alcanzado su forma final tan sólo en 1902. No ha sido nunca muy poderosa numéricamente, pero ha derivado su influencia del hecho de que, en los momentos de crisis, muchos que no eran afiliados estaban dispuestos a seguir su orientación. El número de sus afiliados en el año anterior a la guerra estaba estimado por Mr. Cole en algo más de medio millón. Los sindicatos fueron legalizados por Waldeck-Rousseau en 1884, y la C.G.T., cuando se inauguró en 1895, fue formada por la federación de 700 sindicatos. Al lado de esta organización existía otra, la *Fédération des Mourses du Travail*, formada en 1893. Una *Bourse du Trabail* es una organización local, no de una sola industria, sino de la industria local en general, que debía servir como Bolsa de trabajo y ejercer las mismas funciones para los trabajadores que las Cámaras de Comercio en relación al patrono. Un sindicato es, en general, una organización local de una sola industria, y por consiguiente, una unidad más pequeña que la *Bourse du Travail.*[1]

Bajo el buen caudillaje de Pelloutier, la *Fédération des Bourses* prospera más que la C.G.T., y, al fin, en 1902, se unió con ella. El resultado fue una organización en la cual el sindicato local era federado dos veces: una con los demás sindicatos de su localidad, formando juntos la *Bourse du Travail Local*, y otra, con los sindicatos de la misma industria de otras localidades.

Era la finalidad de la nueva organización asegurar dos veces la afiliación de cada sindicato, conseguir afiliarse a la *Bourse du Travail Local* y a la Federación de su industria. Los estatutos de la C.G.T. (I.3.) expresan este punto claramente: «Ningún sindicato puede formar parte de la C.G.T. si no está federado nacionalmente y adherido a la *Bourse du Travail*, a una local o a la Unión Provincial de Sindicatos, formando un grupo de distintas asociaciones.» Así explica M. Legardelle las dos secciones: cada una rectificará el punto de vista de la otra. La federación nacional de las industrias impedirá el localismo, y la organización local moderará el espíritu social o «gremial». Los trabajadores aprenderán en seguida a solidarizarse con todos los obreros de una localidad y con todos los obreros de la misma industria, y mientras que aprenden esto, aprenderán en el mismo tiempo la completa solidaridad de toda la clase obrera.[2]

Esta organización se debió principalmente al trabajo de Pelloutier, que fue secretario de la Federación de las Bolsas desde 1894 hasta su muerte, en 1901. Era anarco-

1. *Sindicato*, en Francia, significa todavía una unión local. Hay hoy día únicamente cuatro sindicatos nacionales. (Ibíd., pág. 66).

2. Cole, ibíd, pág. 69.

comunista, e imprimió sus ideas en la Federación, y después de su muerte, cuando la C.G.T. se unió con la *Fédération des Bourses du Travail*, aún llevó sus principios hasta dentro del gobierno de la Federación; el comité no tenía presidente y se votaba muy pocas veces. Afirmó que «la tarea de la revolución es liberar a los hombres no solamente de toda autoridad, sino también de toda institución que no tenga como finalidad esencial el aumento de la producción».

La C.G.T. permite casi absoluta autonomía a cada unidad de la organización. Cada sindicato cuenta como uno, ya sea grande o pequeño. No hay aquellas actividades de las «Society Amical» que formaban la gran parte del trabajo de las Uniones inglesas. No manda, sino meramente aconseja. No permite que la política sea introducida en las Uniones. Esta decisión se fundó originariamente en el hecho de que las divisiones entre los socialistas rompieron las Uniones: pero hoy se halla reforzada en la opinión por el odio que tienen los anarquistas a la política. La C.G.T. es esencialmente una organización de lucha en las huelgas; es el núcleo al cual todos los obreros acuden.

Hay una sección de reformistas en la C.G.T.; casi siempre constituye una minoría, y la C.G.T. es, en todos los sentidos, el órgano del sindicalismo revolucionario, que es sencillamente el credo de sus caudillos.

La doctrina esencial del sindicalismo es la lucha de clases, que debe ser conducida por los métodos industriales más que por los políticos. Los principales métodos industriales que ellos predican son la huelga, el *boycott*, el sabotaje y el *label*.

El *boycott* en sus varias formas, y el *label*, que muestra que el trabajo ha sido hecho bajo las condiciones de las Uniones de trabajadores, han desempeñado un gran papel en las luchas obreras de América.

El sabotaje consiste en hacer un trabajo deficiente, o estropear las máquinas o el trabajo ya acabado, y es un método para entrar en tratos con los patronos cuando una huelga parece indeseable o imposible. Hay muchas formas, unas claramente inocentes, otras que pueden ser gravemente censuradas. Una forma del sabotaje que ha sido adoptada por empleados de almacenes es la de decir a los clientes la verdad sobre los artículos que compran; esta forma, que puede dañar el negocio del tendero, no puede ser censurada fácilmente desde el punto de vista moral. Una forma que ha sido adoptada en los ferrocarriles, especialmente en las huelgas italianas, es la de obedecer con puntos y comas el reglamento, de tal modo que se hace casi imposible que los trenes funcionen. Otra forma es la de hacer todo el trabajo con una atención minuciosa, de manera que al fin está mejor hecho, pero la producción es poca y más costosa. De estas formas inocentes hay una progresión continua, hasta que llegamos a acciones que toda moralidad ordinaria consideraría como criminales; por ejemplo, la de causar desastres en los ferrocarriles. Los defensores del sabotaje lo justifican como una acción de la lucha de clases; pero en sus formas más violentas (en las cuales es raramente defendido) es bárbaro y probablemente inoportuno, y aun en sus formas más moderadas ha de tender forzosamente a fomentar el abandono en el trabajo, que podría fácilmente seguir bajo el nuevo régimen que los sindicalistas quieren introducir. Al mismo tiempo, cuando los capitalistas dicen que detestan moralmente este método, vale la pena de hacer notar que ellos mismos son los primeros en practicarlo si les parece conveniente. Si es cierto lo que se dice, hay un ejemplo muy elocuente de ello durante la revolución rusa.

En general, el método más importante de los sindicalistas es la huelga. Las huelgas ordinarias para fines especiales se consideran como ensayos, como medio de perfeccionar la organización y alentar el entusiasmo; pero aun cuando tienen éxito en lo que se refiere a un fin especial que se discute, no son consideradas por los sindicalistas como una base para llegar a la paz industrial. Los sindicalistas aspiran a emplear la huelga no para obtener tales mejoras y reformas pequeñas que los patronos puedan conceder, sino para destruir todo el sistema de patronos y obreros y ganar la emancipación completa del trabajador. Para esto lo que hace falta es la huelga general, el paro completo del trabajo de una parte de los jornaleros asaz numerosa para paralizar el capitalismo. Sorel, que es considerado como uno de los representantes del sindicalismo por el público cultivado, aunque en realidad no sea sindicalista, propone que la huelga general se considere por los sindicalistas como los cristianos consideran el mito de que el Salvador volverá una vez más a la tierra; sin embargo, esta opinión no satisface de ninguna manera a los sindicalistas activos. Si se persuadiesen de que la huelga general era solamente un mito, su energía vacilaría y toda su teoría se vería falta de continuadores entusiastas. Es la fe real y viva en la posibilidad de la huelga general lo que les inspira. Son muy criticados por este entusiamo por los socialistas políticos, que consideran que la batalla se gana con obtener una mayoría parlamentaria. Los sindicalistas tienen demasiada poca confianza en la integridad de los políticos para creer en un tal método o en el valor de cualquier revolución que deje intactos los poderes del Estado.

Las finalidades sindicalistas son aún más indefinidas que los métodos sindicalistas. Los intelectuales que intentan interpretarlas —no siempre muy fielmente—, las representan como un partido de movimiento y cambio, siguiendo un *élam vital* bergsoniano, sin necesitar prever muy claramente el fin al cual tienen que ser llevadas. No obstante, por lo menos la parte negativa de sus objetivos está suficientemente clara. Quieren destruir el Estado, que consideran como una institución capitalista destinada esencialmente a aterrorizar a los trabajadores. Se niegan a creer que estarían mejor bajo el solicalismo. Desean ver cada industria gobernada por sí misma; pero no dejan ver muy claramente cómo se pueden ajustar las relaciones entre las distintas industrias. Son antimilitaristas porque van contra el Estado y porque las tropas francesas han sido empleadas muchas veces contra ellos en las huelgas; también porque son internacionalistas, que creen que el único interés del obrero en todas partes es liberarse de la tiranía del capitalista. Su concepto de la vida es justamente contrario del pacifista, pero se oponen a las guerras entre los Estados a causa de que éstas se hacen para fines que no tienen interés alguno para los trabajadores. Su antimilitarismo, más que toda otra cosa, les llevó a luchar contra las autoridades en los años que precedieron a la gran guerra. Sin embargo, como se esperaba, no sobrevivió a la invasión efectiva de Francia.

Las doctrinas del sindicalismo pueden aclararse con un artículo que se publicó en el primer número del *Sindicalist Railwayman (El Ferroviario Sindicalista)*, septiembre 1911, del cual se cita lo siguiente:

Todo sindicalismo, colectivismo y anarquismo tiene la finalidad de abolir el actual estado económico y la posesión privada existente de la mayoría de las cosas; pero mientras que el colectivismo quiere sustituir la privada por la propiedad de todos, y el anarquismo no quiere la propiedad para nadie, el sindicalismo tiene como finalidad la propiedad para los trabajadores organizados. Así es, de esta manera netamente típica, cómo las Uniones de trabajadores interpretan la doctrina económica y la lucha de clases predicadas por el socialismo. Repudia el sindicalismo con gran vehemencia la acción parlamentaria, con la cual el colectivismo cuenta, y es por esa orientación que está mucho más cerca del anarquismo, del cual, en efecto, se distingue solamente en la práctica, por ser más limitada la esfera de su actividad. (Times, *agosto 24, 1911*).

En verdad, la diferencia entre el sindicalismo y el anarquismo es tan pequeña que el «ismo» más nuevo y menos conocido ha sido definido con el nombre de «la anarquía organizada». Ha sido creado por las Uniones de trabajadores de Francia; es obvio decir que en un terreno internacional, cuyas raíces han ya comprobado que la tierra de la Gran Bretaña favorece mucho su desarrollo y fructificación.

El socialismo colectivista o marxista quiere hacernos creer que es indistintamente un movimiento obrero, pero no es así; el anarquismo tampoco lo es. El uno es sustancialmente *burgués*; el otro, el anarquismo, es *aristocrático*; ambos tienen una copiosa producción de estudios de sus causas. Al contrario, el sindicalismo es indudablemente obrero en su origen y en su finalidad y no debe casi nada a las «clases» y tiene, en efecto, un deseo decidido de desarraigarlas.

El *Times* (octubre 13, 1910), que es casi el único periódico en la prensa inglesa que se ha mantenido bien informado respecto al sindicalismo continental, expuso claramente la significación de la huelga general:

Para comprender su significación tenemos que acordarnos de que hay en Francia una organización proletaria poderosa que tiene como objeto definido y confesado una revolución, en la cual no solamente el orden presente de la sociedad, sino también el Estado mismo, tienen que ser arrastrados. Este movimiento se llama el sindicalismo. No es el socialismo, sino todo lo contrario, opuesto radicalmente al socialismo, pues los sindicalistas mantienen que el Estado es el gran enemigo y que el ideal socialista del Estado o de la propiedad colectivista no haría la suerte de los trabajadores mucho mejor que lo es ahora, bajo los patronos privados. El medio por el cual esperan alcanzar su finalidad es la huelga general, una idea que concibió un obrero francés hace veinte años[1] *y que fue adoptada por el congreso obrero francés en 1894, después de una batalla furiosa con los socialistas, en la cual éstos fueron vencidos. Después de aquella fecha, la huelga general ha sido la política que sostienen los sindicalistas, cuya organización es la C.G.T.*

O, en otras palabras, el obrero inteligente francés se ha despertado, así cree él, al hecho de que la sociedad *(societas)* y el Estado *(civitas)* conciertan dos esferas separadas de la actividad humana, entre las cuales no hay relación alguna necesaria ni deseable. Sin la una, el hombre, animal gregario, no puede existir, mientras que sin la otra, sencillamente viviría en la abundancia. El burócrata, que no es positivamente nefasto por tener un cargo, puede ser una superfluidad costosa.

Los sindicalistas han tenido muchos combates violentos con las fuerzas del gobierno. En 1907 y 1908, al protestar contra la efusión de sangre que había ocurrido en la represión de las huelgas, el comité de la C.G.T. publicó un manifiesto hablando del gobierno como «un gobierno de asesinos», y aludía al presidente «Clemenceau el homicida.» Sucesos parecidos en la huelga de

1. En realidad, la huelga general fue concebida por un londinense, William Benbow, un partidario de Owen, en 1831.

Villeneuve St. Georges, en 1908, causaron la detención de los principales miembros del comité. En la huelga de ferroviarios de octubre de 1910, M. Briand arrestó a todo el comité de huelga, movilizó los obreros de ferrocarriles y envió soldados para sustituir a los huelguistas. Como consecuencia de estos medios de fuerza, la huelga quedó completamente vencida; más tarde, la C.G.T. dirigió su energía principalmente contra el militarismo y el nacionalismo.

La actitud del anarquismo frente al movimiento sindicalista es simpatizante, con la reserva de que métodos tales como la huelga general no deben ser considerados como sustituto de la revolución violenta, que la mayoría de los anarquistas consideran necesaria. Su actitud en este asunto se definió en el Congreso Internacional Anarquista, en Amsterdam, en agosto de 1907. Este congreso recomendó a los «camaradas de todos los países tomar parte activa en los movimientos autónomos de la clase obrera y desenvolver en las organizaciones sindicales las ideas de rebelión, iniciativa individual y solidaridad, que son la esencia del anarquismo». Los camaradas debían «propagar y apoyar tan sólo aquellas formas y manifestaciones de la acción directa que llevan en sí un carácter revolucionario y conducen a la transformación de la sociedad».

Se decidió que «los anarquistas piensan que la destrucción de la sociedad capitalista y autoritaria puede realizarse únicamente por medio de la sublevación armada y la expropiación violenta y que el empleo de la huelga más o menos general y el movimiento sindicalista no debe hacernos olvidar los medios más directos de luchar contra la fuerza militarista del gobierno».

Los sindicalistas suelen replicar que cuando el movimiento sea bastante fuerte para vencer por la sublevación armada, será sobradamente fuerte para vencer por la huelga general. En los movimientos obreros, en general, el éxito por medio de la violencia no se puede esperar, excepto cuando las circunstancias sean tales que el éxito se pueda alcanzar sin violencia. Este solo argumento, aunque no hubiese ningún otro, sería una razón muy poderosa contra los métodos defendidos por el congreso anarquista.

El sindicalismo representa lo que ya es conocido por unión industrial en oposición a unión gremial. En este sentido, como también en la preferencia de los métodos industriales a los métodos políticos, es como una parte del movimiento se ha extendido mucho más allá de Francia. La distinción entre unión industrial y unión gremial está tratada largamente por S. D. H. Cole.

La unión gremial «incorpora en una sola asociación aquellos obreros que están empleados en un solo procedimiento industrial o en procedimientos que son tan parecidos que cada uno puede hacer el trabajo del otro». Pero «la organización puede seguir las líneas no del trabajo hecho, sino de la estructuración actual de la industria». Todos los obreros que trabajan sobre la producción de un género especial de producto pueden ser organizados en una sola unión... La base de organización no sería el gremio al cual pertenece el obrero ni el patrón bajo el cual trabaja, sino el oficio en el cual está ocupado. Eso es, llamada propiamente, «la Unión Industrial».[1]

1. *World of Labour*, págs. 212-13.

La unión industrial es un producto de América, y desde los Estados Unidos se ha difundido también, hasta cierto punto, en Gran Bretaña. Es la forma natural de una organización de lucha, cuando la unión se considera como medio de sostener la lucha de clases con la finalidad no de obtener esta o aquella pequeña ventaja, sino de hacer una revolución radical en el sistema económico. Este es el punto de vista de *Industrial Workers of the World* (Obreros Industriales del Mundo), generalmente conocidos por los I.W.W. Esta organización corresponde, más o menos, en América, a lo que era la C.G.T. en Francia antes de la guerra. Las diferencias entre las dos son debidas a circunstancias económicas distintas entre los dos países, pero su espíritu es completamente idéntico. Los I.W.W. no tienen criterio unánime en cuanto a la forma final que quieren dar a la sociedad. Entre sus afiliados hay socialistas, anarquistas y sindicalistas. Sin embargo, su concepto del fin inmediato y práctico está bien claro, es decir, que la lucha de clases es la realidad fundamental en las relaciones actuales entre el trabajo y el capital, y que es por la acción industrial, especialmente por la huelga, por donde se debe buscar la emancipación. Los I.W.W., así como la C.G.T., no son, ni mucho menos, tan fuertes numéricamente como se supone por los que les temen. Su influencia se basa no en sus socios, sino en el poder de atraer las simpatías de los obreros en los momentos de crisis.

El movimiento obrero en América se ha caracterizado por una gran violencia de ambos lados. En efecto, el secretario de la C.G.T., M. Jouhaux, reconoce que la C.G.T. es débil en comparación con los I.W.W. Dice: «Los I.W.W. predican una política de acción militante, muy necesaria en algunas partes de América, pero que no sería conveniente en Francia.»[1]

Un examen muy interesante de los I.W.W., desde el punto de vista de un autor que ni está completamente del lado del trabajo, ni del lado del capitalista, sino en posición desinteresada, buscando con anhelo una solución del problema social sin llegar hasta la violencia y la revolución, se halla en la obra de John Graham Brooks llamada *American Syndicalism I.W.W.* (Macmillan, 1913). Las condiciones del trabajo en América son muy distintas de las de Europa. En primer lugar, el poder de los *trusts* es enorme; en América más que en cualquier otro país, la concentración del capital ha procedido en este sentido más aproximadamente a las líneas que predijo Marx. En segundo lugar, la gran afluencia de trabajadores extranjeros hace todo el problema absolutamente distinto de cualquiera de los que se producen en Europa. Los obreros especializados más viejos, la mayor parte nacidos en América, han sido organizados hace muchos años en la American Federation of Labour, que dirige Mr. Gompers. Éstos representan la aristocracia del trabajo. Están dispuestos a trabajar en colaboración con los patronos contra la gran masa de emigrantes inexpertos, y no se los puede considerar como formando parte de una organización que pueda llamarse y sea un verdadero movimiento obrero. Dice Mr. Cole:

«Hay ahora en América dos clases obreras, con distintas normas de vida, y ambas, hoy día, casi impotentes frente a los patronos. Tampoco es posible que estas dos clases se reúnan ni aun formulen demandas comunes. La

1. Citado en el libro de Cole, ibíd. pág. 128.

Federación Americana del Trabajo y los Trabajadores Industriales del Mundo representan dos clases distintas de trabajadores.»[1]

Los I.W.W. significan la unión industrial, mientras que la Federación Americana del Trabajo significa la unión gremial. Los I.W.W. fundaron su asociación en 1905 por una unión de organizaciones, entre las cuales la más importante era la Federación Occidental de Mineros, que fue fundada en 1892. Padecieron una escisión cuando se mezclaron los adherentes de Deleon, el caudillo del partido Obrero Socialista, que defendía una política de abstencionismo electoral, a pesar de que censuraba los métodos violentos.

El domicilio del partido que fundó se halla en Detroit, y la oficina principal de los I.W.W., en Chicago.

Los I.W.W., aunque tengan una filosofía menos definida que la del socialismo francés, están igualmente decididos a destruir el sistema capitalista. Como ha dicho su secretario, «hay tan sólo un pacto que los I.W.W. se avendrán a hacer con la clase patronal: es decir, la entrega completa de todo el control de la industria a los trabajadores organizados».[2]

Mr. Haywood, miembro de la Federación Occidental de Mineros, es un incondicional discípulo de Marx en tanto que se trata de la lucha de clases y la doctrina del valor excedente. Pero, así como todos los que se adhieren a este movimiento, hace más caso de la acción industrial frente a la acción política que los discípulos europeos de Marx. Eso se explica, en parte, indudablemente, por las

1. *Ibíd.*, pág. 135.
2. Brooks, loc. cit., pág. 79.

circunstancias especiales de América, donde los inmigrantes recientes quedan muchas veces sin voto. La cuarta convención de los I.W.W. revisó un preámbulo en donde dio los principios generales de su acción. Dice:

«La clase obrera y la clase patronal no tienen nada de común. No puede haber paz alguna en tanto que haya hambre y miseria entre millones de obreros y que los pocos que constituyen la clase de patronos tengan todas las comodidades de la vida. Entre estas dos clases tiene que haber lucha hasta que los trabajadores del mundo se organicen como una clase, se pongan en posesión de la tierra y de la maquinaria de producción y anulen el sistema de salarios... En vez de la leyenda conservadora: "Jornal justo para trabajo justo", tenemos que escribir en nuestra bandera la consigna revolucionaria: "La abolición del sistema de salarios".»[1]

Son muchas las huelgas que han sido dirigidas o fomentadas por los I.W.W. y la Federación Occidental de Mineros. Estas huelgas elucidan la lucha de clases de una forma más aguda y extrema que en cualquier otra parte del mundo. Ambos lados extremos están siempre dispuestos a acudir a la violencia. Los patronos tienen ejércitos propios y pueden también llamar a la milicia, y aun en una crisis, al ejército de los Estados Unidos. Lo que los sindicalistas franceses dicen del Estado, que es una verdadera institución capitalista, es peculiarmente exacto en América. Como consecuencia de los escándalos que se producían de esta forma, el gobierno federal nombró una comisión para tratar de las relaciones industriales, cuya Memoria, publicada en 1915, revela una situación tal que

1. Brooks, loc. cit., pág. 86.

es difícil de imaginar en la Gran Bretaña. La Memoria cuenta que «los mayores desórdenes y la mayor parte de los disturbios violentos que ocurren cuando hay disputas industriales, son causados por la violación de todo lo que se considera como derechos fundamentales y por la corrupción o subversión de las instituciones gubernamentales» (página 146). Cita, entre otras corrupciones, la del servicio que presta la magistratura a las autoridades militares.[1] El hecho de que durante una refriega de trabajadores la vida y la libertad de cada uno dentro del Estado parece depender del poder del gobernador (pág. 72) y el empleo de las tropas del Estado para contener las huelgas (pág. 298). En Ludlow (Colorado), en 1914 (abril 20), se entabló una batalla entre la milicia y los mineros, en la cual gran número de mujeres y niños murieron quemados.[2]

Se pueden citar muchos más casos de batallas campales, pero son ya los suficientes para mostrar el carácter especial de las refriegas obreras en los Estados Unidos. Podemos suponer que este carácter persistirá mientras una gran parte de los obreros sean inmigrantes. Cuando estas dificultades desaparezcan, como es inevitable que suceda tarde o temprano, se colocarán en su sitio en la comunidad y tendrán que sentir e inspirar menos la dura

1. *Literary Digest*, mayo 2 y 16, 1914.

2. «Aunque se mantenga invariablemente que el recurso de *habeas corpus* puede ser suspendido únicamente por las Cortes, en estos disturbios de huelgas el ejecutivo ha suspendido o descuidado el escrito... En los juicios de perturbaciones producidas por los huelguistas, la magistratura ha sostenido la actuación ejercida por los militares y en ningún caso ha habido una protesta cualquiera contra el disfrute de tal poder o tentativa alguna para reducirlo, a excepción de en Montana, donde la condena de un paisano por una comisión militar se anuló.» (Memoria final de la Comisión sobre Relaciones Industriales [1915], nombrada por el Congreso de los Estados Unidos, pág. 58).

hostilidad que hace posible las más extremistas formas de la lucha de clases. Cuando llegue ese momento, el movimiento obrero en América empezará, probablemente, a tomar formas parecidas a las de Europa.

Mientras tanto, a pesar de que las formas son distintas, las finalidades son muy parecidas, y la Unión de Sindicatos Industriales se difundirá, en América, y ha tenido ya una influencia considerable en la Gran Bretaña; una influencia, naturalmente, aumentada con la del sindicalismo francés. Claro es, a mi juicio, que es absolutamente necesario adoptar la Unión de Sindicatos Industriales más que la Unión Gremial, si la Unión de Trabajadores (Trade Unionism) tiene que lograr desempeñar un papel en la transformación de la estructura económica de la sociedad, y que sus defensores pretenden que les corresponde con más derecho que a los partidos políticos. La Unión de Sindicatos Industriales organiza a los hombres según el enemigo que tienen que combatir; la Unión Gremial no hace eso. La Unión inglesa está todavía muy lejos de la forma industrial, aunque ciertas industrias, sobre todo los ferroviarios, han ido muy lejos de esta dirección, y es notable, pues los ferroviarios son particularmente simpatizantes del sindicalismo y de la Unión Industrial.

El sindicalismo puro, no obstante, no es muy probable que alcance mucha popularidad en Gran Bretaña. Su espíritu es demasiado revolucionario y anárquico para nuestro temperamento. Es en la forma modificada del socialismo gremial (Guild Socialism) como las ideas derivadas de la C.G.T. y de los I.W.W. tienden a dar fruto.[1]

1. Las ideas del socialismo gremial *(Guild Socialism)* fueron expuestas por primera vez en el libro *National Guilds*, editado por A. R. Orage, y en el de G. D. M. Cole *World of Labour*, publicado por primera vez en 1913. *Self-govern-*

La actitud de los sindicalistas frente al socialismo gremial está muy lejos de ser simpatizante. Un artículo en *El Sindicalista*, de febrero 1914, habla de él en los términos siguientes:

«Burgués de la burguesía, con todos los defectos (casi hemos dicho "estupideces") de los burgueses manifiestos en su cara, el socialismo gremial se presenta como la lucubración más nueva del espíritu burgués. Es un cínico robo de las ideas principales del sindicalismo y una perversión premeditada de ellas. Protestamos contra la idea del Estado que defiende el socialismo gremial. La burguesía, aun cuando se hace socialista, no puede perder la idea de que la clase obrera es inferior a ella: de que los obreros tienen que ser "educados", entrenados, disciplinados y conducidos, generalmente durante mucho tiempo, antes que puedan andar solos. Realmente todo lo contrario de la verdad... No es más que la verdad sencilla cuando decimos que el jornalero de inteligencia media es más capaz de cuidar de sí que el burgués medio culto que quiere aconsejarle. El obrero sabe hacer circular las ruedas del mundo.»

Este movimiento permanece hasta ahora en su niñez y no tiene mucha importancia entre la masa; pero hay un grupo de jóvenes que está defendiéndolo con mucho talento, muy hábilmente, y ha avanzado con mucha rapidez, y estará entre los que interpreten la opinión de los obreros en los años venideros. El poder del Estado se ha aumentado durante la guerra, que los que están naturalmente

ment in Industry, por Cole, y *The Meaning of National Guilds*, por Reckitt y Bechhofer, se deben leer también, así como varios folletos publicados por la National Guilds League.

descontentos con el orden actual de las cosas encuentran cada vez más fácil creer que la omnipotencia del Estado puede ser el camino del nuevo mundo que se avecina. Los socialistas gremiales tienen como finalidad la autonomía de la industria, con la restricción consiguiente, pero no la abolición del poder del Estado. El sistema que ellos defienden es, creo yo, el mejor que se ha propuesto hasta ahora y el más apto para asegurar la libertad sin los constantes llamamientos a las violencias que son de temer bajo un régimen puramente anárquico.

El primer folleto de la *National Guilds League* expone sus principios más fundamentales. En la industria, cada fábrica tiene que ser libre para controlar sus propios métodos de producción por medio de directores elegidos. Las distintas fábricas en una industria cualquiera deben ser federadas en un sindicato nacional, que tratará de la venta y compra y de los intereses de la industria en general. «El Estado administraría los medios de producción, como albacea de la comunidad; los sindicatos los administrarían, también, como albaceas de la comunidad, y pagarían al Estado una sola cuota o renta. Cualquier sindicato que quisiera poner sus propios intereses antes que los de la comunidad presentaría su causa y tendría que ceder frente al juicio de un tribunal que representaría igualmente al cuerpo entero de productores y al cuerpo de consumidores. Este comité sería el último cuerpo soberano, la última apelación de la industria. Fijaría no solamente la tributación a los sindicatos, sino también los precios regulares, y así los impuestos como los precios serían periódicamente reajustados por él.» Cada sindicato sería completamente libre para prorratear lo que recibe entre sus miembros, ya que serían todos trabajadores de la misma industria que él protegería. «La distribución del ingreso colectivo de cada sindicato entre los miembros parece ser una cuestión que cada sindicato debe resolver por sí. Se podrá discutir sobre sí o no; pero, tarde o temprano, los sindicatos adoptarán el principio de un mismo sueldo para todo miembro.»

El socialismo gremial acepta del sindicalismo el punto de vista de que la libertad no se puede asegurar con hacer del Estado un patrón:

«El Estado y la municipalidad, como patronos, no se han mostrado esencialmente distintos del capital privado.»

Los socialistas gremiales consideran al Estado como una comunidad de consumidores, mientras que los sindicatos industriales lo consideran como una comunidad de productores; así, el Parlamento y el Congreso de los Sindicatos serán dos poderes iguales, representando a los consumidores y a los productores, respectivamente. Sobre los dos estará un comité combinado por comisiones del Parlamento y del Congreso de los Sindicatos para resolver las cuestiones tocantes igualmente a los intereses de los consumidores y de los productores.

El punto de vista de los socialistas gremiales es que el socialismo del Estado considera los hombres únicamente como consumidores, mientras que el sindicalismo los considera únicamente como productores. «El problema —dicen los socialistas gremiales *(Guild Socialists)*— es reconciliar los dos puntos de vista. Es esto lo que los defensores de los sindicatos nacionales pretenden hacer. El sindicalismo pide todo para las organizaciones industriales de productores; el colectivista todo lo quiere para las organizaciones territoriales o políticas de los consumidores. Ambos pueden ser censurados del mismo modo:

no se puede reconciliar dos puntos de vista solamente con negar uno de los dos.»[1]

Sin embargo, aunque el socialismo gremial representa una tentativa de arreglo entre dos puntos de vista igualmente legítimos, su impulso y su fuerza se derivan de lo que ha tomado del sindicalismo. Así como el sindicalismo, él no desea, primariamente, mejorar los jornales; pero sí lograr este resultado con otros más, para hacer el trabajo mismo más interesante y más democrático en su organización.

El capitalismo ha hecho del trabajo una actividad comercial, una cosa sin alma y sin alegría. Pero sustituye el servicio nacional de los sindicatos para la explotación de los pocos; sustituye el trabajo solvente por una comodidad vendible; sustituye la autonomía y la descentralización por la burocracia y la enorme desmoralización del Estado moderno y de la sociedad anónima moderna; entonces puede ser justo otra vez hablar de una «alegría en el trabajo», y otra vez esperar que los hombres puedan estar orgullosos de la calidad y no solamente de la cantidad de su obra. Hay una cierta hipocresía en la Edad Media y una hipocresía de esta «alegría en el trabajo»; pero sería mejor, tal vez, arriesgar aquella hipocresía que reconciliarnos para siempre con la filosofía del capitalismo y del colectivismo, que afirman que el trabajo es un mal necesario, que no puede ser nunca agradable y que la única esperanza para los obreros está en un descanso que sea más largo, más placentero y amenizado con las agradables fiestas organizadas por el municipio.[2]

1. Estas citas están todas tomadas del primer folleto de la National Guilds League, *National Guilds: an Appeal to Trade Unionists.*

2. *The Guild Idea*, número 2 de los folletos de la National Guilds League, pág. 17.

Cualquiera que fuese el punto de vista sobre la posibilidad de que sea o no viable el sindicalismo, no cabe duda que las ideas que éste ha difundido en el mundo han contribuido mucho a revivir el movimiento obrero y a llamar su atención acerca de ciertas cosas de una trascendencia fundamental que corrían el peligro de olvidarse. Los sindicalistas ven en el hombre más el productor que el consumidor. Se ocupan más en procurar la libertad en el trabajo que en aumentar el bienestar material. Han resucitado la apetencia de libertad, que estaba desenvolviéndose oscurecida bajo el régimen de socialismo parlamentario, y han recordado a los hombres que lo que hace falta para nuestra sociedad moderna no es un chapucero remiendo aquí y allá, ni los favorables arreglos que pueden fácilmente alcanzar el consentimiento de los actuales poseedores del poder, sino una reconstrucción fundamental, la destrucción de todas las fuentes de opresión, la liberación de las energías constructivas de los hombres y un método completamente nuevo de concebir y ordenar la producción y las relaciones económicas.

Su mérito es tan grande que, a simple vista, todos sus menores defectos se convierten en insignificantes, y seguirá teniendo el sindicalismo este mérito de ser movimiento definido, aunque hubiera desaparecido con la guerra.

SEGUNDA PARTE

LOS PROBLEMAS DEL PORVENIR

Capítulo IV

EL TRABAJO Y EL SUELDO

Quien intente crear un nuevo y mejor orden en la sociedad tiene que luchar contra dos fuerzas contrarias: una, la de la Naturaleza; otra, la de sus semejantes.

En general, el trabajo es la ciencia que trata de vencer la oposición de la Naturaleza, mientras que la política y las organizaciones sociales son los métodos para vencer la oposición del hombre.

El hecho final en economía es que la Naturaleza da productos únicamente logrados por el trabajo. La necesidad de trabajar algo para satisfacer nuestras exigencias no está impuesta por sistemas políticos ni por la explotación de la clase obrera; se debe a las leyes físicas, que el reformador, como otro cualquiera, tiene que reconocer y estudiar. Antes que pueda ser cualquier proyecto económico aceptable para ser llevado a la práctica, debemos examinarlo para ver si las condiciones físicas de la producción imponen un veto definitivo o si pueden ser modificadas suficientemente por la ciencia y la organización. Hay dos doctrinas que están relacionadas y que se deben tener en cuenta cuando se examina esta cuestión: una es la doctrina de la población, de Malthus, y la otra, de concepto más vago, pero muy corriente, de que cualquier exceso sobre las simples necesidades de la vida solamente puede ser sostenido haciendo la mayoría de los hombres un largo trabajo de muchas horas, doloroso y monótono, que deja muy poco tiempo para vivir civilizadamente y tener un descanso razonable. Opino que ninguno de estos obstáculos al optimismo sostendrían un atento análisis. La posibilidad del perfeccionamiento técnico es, creo yo, tan grande que, por lo menos durante muchos siglos, no existirá impedimento alguno al inevitable avance del bienestar general, debido al simultáneo aumento de productos y a la disminución de las horas de trabajo. Este problema ha sido estudiado por Kropotkin, y por dispares que sean los principios que sostiene sobre sus teorías políticas, no deja de ser notablemente instructivo, concreto y convincente en todo lo que se refiere a las posibilidades de la agricultura. Los socialistas y los anarquistas, en su mayor parte, han surgido de la vida industrial, y muy pocos de ellos tienen un conocimiento práctico sobre la cuestión de la producción y de la alimentación. Kropotkin es una excepción. Sus dos libros *La conquista del pan* y *Campos, fábricas y talleres* están llenos de una minuciosa información, y aun haciendo un gran descuento del prejuicio de ser optimista, yo creo que no se puede negar que ellos nos demuestran probabilidades en las cuales muy pocos de nosotros hubiéramos pensado.

Malthus afirmó, en efecto, que la población tiende

siempre a aumentar hasta donde se lo permiten las subsistencias; que la producción de las subsistencias se hace más cara a medida que su cantidad aumenta y que, por consiguiente, aparte unos cortos períodos excepcionales, cuando nuevos descubrimientos producen mitigaciones circunstanciales, la mayor parte de la humanidad tiene siempre que quedar al nivel más bajo que sea compatible con la supervivencia y la reproducción. Aplicada a las razas civilizadas del mundo, esta doctrina está resultando falsa, debido a la decadencia rápida de la natalidad; pero, aparte esta decadencia, hay otras muchas razones de por qué la doctrina no puede ser aceptada, por lo menos en un porvenir inmediato. El siglo que transcurrió después de Malthus presenció un ascenso muy grande en la norma de las comodidades en todas las clases trabajadoras, y a causa del aumento enorme de la producción del trabajo hubiera podido efectuarse un ascenso mucho mayor si se hubiese introducido un sistema más justo de distribución. Antes, cuando el trabajo de un hombre no producía mucho más que lo que necesitaba para su subsistencia, era imposible reducir mucho las horas normales de trabajo o aumentar la proporción de la población que gozase de algo más que las simples necesidades de la vida. Estas condiciones han sido sobrepasadas por los métodos modernos de producción.

Durante los últimos años no solamente mucha gente ha gozado de un buen ingreso, derivado de la renta y el interés, sino también casi la mitad de la población de la mayoría de los países civilizados del mundo estaba ocupada, no en la producción de comodidades, sino en la guerra o en la fabricación de municiones. En un período de paz, aquella mitad de la población puede quedar desocupada sin hacer que la otra mitad se empobrezca más de lo que hubiera estado de continuar la guerra, y si en vez de estar desocupada estuviese empleada en producir, todo lo que produjese sería un sobrante sobre los sueldos actuales, que se podría partir. Si la ganancia que la producción del trabajo da actualmente en Inglaterra fuera repartida entre sus habitantes, tendría cada familia un ingreso de una libra diaria, aunque no existiera ninguno de los métodos actuales de producción y trabajo; claro es que éstos podrían ser conseguidos inmediatamente que se quisiera.

Hay quien dirá que es una regla el que, si la población aumenta, el precio de la subsistencia tendrá, finalmente, que aumentar, y también en relación al consumo que se realiza en las propias fuentes de abastecimiento, como Canadá, Argentina, Australia y otros países.

Tiene que llegar un día, así afirman los pesimistas, en que la alimentación se haga tan costosa que al simple trabajador no le quede ningún dinero para gastar en otras cosas. Se puede admitir que esto será verdad en un día no muy lejano, si la población siguiese aumentando sin límite. Si toda la superficie del mundo se poblase tan densamente como lo está Londres en la actualidad, indudablemente haría falta el trabajo de toda la población para producir alimentos necesarios en los pocos espacios que hubiesen quedado para la agricultura. No hay razón alguna para suponer que la población seguirá aumentando indefinidamente, y en todo caso la probabilidad está tan lejos que puede ser desechada en lo que se refiere a sus consideraciones prácticas.

Para volver de estas especulaciones poco claras a los hechos expuestos por Kropotkin, encontramos en sus escritos la prueba de que, por métodos de cultivo intensivo, practicados ya, la cantidad de alimento producida sobre un área fija puede ser aumentada mucho más allá de lo que la mayoría de la gente impreparada puede suponer posible. Hablando de los hortelanos de la Gran Bretaña o de los de las afueras de París y de otros, dice:

Han creado una agricultura totalmente nueva. Se sonríen cuando nos oyen alabar el sistema alternado que nos permite recoger una cosecha anual o cuatro cada tres años, porque su ambición es coger seis y nueve en el mismo terreno en los doce meses del año. No nos entienden cuando hablamos de terrenos malos y buenos, porque están acostumbrados a producir los terrenos ellos mismos, y en tanta cantidad, que se ven anualmente obligados a vender una parte, pues de lo contrario se elevaría el nivel de sus huertas media pulgada por año. Pretenden recolectar no cinco o seis toneladas de hierba por acre, como nosotros, sino de cincuenta a cien toneladas de diferentes frutos en el mismo espacio; no por valor de 125 francos de heno, sino de 2.500 francos de hortalizas de las clases más corrientes: coles y zanahorias.[1]

En lo que se refiere al ganado, menciona a Mr. Champion, de Whitby, que hace producir a cada acre el alimento para dos o tres meses, mientras que bajo el sistema ordinario de cultivo en Gran Bretaña hacen falta dos o tres acres por res. Más asombrosos todavía son los resultados logrados en los cultivos hortícolas en los alrededores de París. Es imposible hacer un resumen de estas recolecciones, pero podemos anotar la conclusión general:

Hay ya hortelanos prácticos que se atreven a sostener que si todo el alimento animal y vegetal preciso para los tres millones quinientos mil habitantes de los departamentos del Sena y Sena Oise tuviera que producirse sólo en su territorio (3.250 millas cuadradas), se podría

1. *Campos, fábricas y talleres*, pág. 52.

lograr sin acudir a otros métodos de cultivo distintos de los que se practican actualmente, los cuales han sido ya experimentados en gran escala y con completo éxito.[1]

Es preciso recordar que estos dos departamentos incluyen toda la población de París.

Kropotkin sigue indicando métodos por los cuales puede lograrse el mismo resultado sin muchas horas de trabajo. En efecto, afirma que la mayoría del trabajo agrícola puede ser realizado por gente cuyas principales ocupaciones son sedentarias, y tan sólo con un número de horas que a la vez les sirviera para conservarse en buena salud y conseguir una agradable diversión. Protesta contra la teoría de la división excesiva del trabajo. Lo que él quiere es la *integridad*: «Una sociedad en la cual cada individuo sea un productor de trabajo manual o intelectual; en la que todo ser humano que no esté impedido sea un trabajador, y en la que todos trabajen, lo mismo en el campo que en el taller industrial.»[2]

Estos pensamientos a propósito de la producción no tienen relación esencial alguna con la defensa que Kropotkin hace del anarquismo. Pueden ser igualmente realizados bajo el socialismo de Estado, y en ciertas condiciones pueden también ser realizados bajo un régimen capitalista. Tienen importancia para nuestro propósito actual, no porque ofrecen un razonamiento en favor de un sistema económico especial, sino por el hecho de que alejan de nuestra visión del futuro el veto que puede provenir de una duda en la capacidad productiva del trabajo.

1. *Campos, fábricas y talleres*, pág. 11.
2. *Campos, fábricas y talleres*, pág. 56.

He tratado de la agricultura más que de la industria, a causa de que supongo que las dificultades se originan principalmente en la agricultura. En general, la producción industrial tiende a ser más barata cuando se hace en gran escala, y, por consiguiente, no hay razón alguna en la industria para que un aumento en la demanda cause un aumento en el proceso de la oferta.

Pasando ahora al lado puramente técnico y material del problema de la producción, venimos al factor humano, a los motivos que inspiran a los hombres a trabajar; las posibilidades de una organización de la producción y la relación entre la producción y la distribución. Los defensores del sistema existente afirman que el trabajo competente sería imposible sin el estímulo económico, y que si el sistema de salarios fuese suprimido los hombres cesarían de trabajar lo necesario para sostener a la comunidad en un estado de comodidad tolerable. A causa de la supuesta necesidad del estímulo económico, el problema de la producción y el de la distribución están entrelazados.

El interés por una distribución más justa de las riquezas del mundo es la principal inspiración de la mayoría de los socialistas y de los anarquistas. Por consiguiente, tenemos que considerar: ¿conducirán los sistemas de distribución que ellos proponen a una disminución de la producción?

Hay una diferencia fundamental entre el socialismo y el anarquismo en lo que se refiere a la cuestión de la distribución. El socialismo, por lo menos en la mayor parte de sus formas, seguirá pagando por el trabajo hecho o por la buena voluntad puesta en el trabajo, y además, con excepción de las personas incapaces de trabajar ya por vejez o enfermedad, habría premios a la buena voluntad por el trabajo o bien una condición de vida que pasase del mínimum. El anarquismo, al contrario, tiene como finalidad dar derechos iguales a todos, sin condiciones sobre las comodidades ordinarias, mientras que las comodidades extraordinarias, de las cuales la oferta no puede aumentarse sin dificultades indefinidamente, serían racionalizadas y divididas igualmente entre la población. Así, el anarquismo no impondría la obligación de trabajar, a pesar de que los anarquistas creen que el trabajo necesario puede hacerse lo suficientemente agradable para que la gran mayoría del pueblo lo hiciera voluntariamente. Por otra parte, los socialistas exigirían algo de trabajo. Unos de ellos harían que todos los salarios fuesen iguales, mientras que otros conservarían el sistema de pagar más por el trabajo que se considerase de más valor. Todos estos distintos sistemas son compatibles con la propiedad comunal de la tierra y del capital, a pesar de que se diferencian mucho en lo que se refiere al género de sociedad que crearían.

El socialismo, con la desigualdad del salario, no se diferenciaría mucho de la sociedad actual en el estímulo económico del trabajo. Las diferencias que puede ocasionar acarrearán, respecto a nuestro punto de vista actual, mejoras indudables. Bajo el sistema existente, muchos seres gozan de la pereza y la opulencia gracias a una casual circunstancia de haber heredado tierras o capital. Muchos otros, debido a sus actividades en la industria o en las empresas financieras, gozan de un ingreso de tal suerte que seguramente la remuneración excede a lo que tienen derecho por su utilidad social. Ocurre, por otra parte, muchas veces que los inventores y *descubridores*, cuyo trabajo ha sido de la mayor utilidad social, son menospreciados con una pequeña remuneración, bien por los capitalistas o por el público, que no valora sus trabajos hasta que es demasiado tarde. El trabajo que es remunerado con un buen sueldo es asequible únicamente a aquellos que pueden sufragar una preparación costosa, y estos hombres son seleccionados generalmente no por el mérito, sino por la fortuna. El jornalero no está pagado por su buena voluntad en el trabajo, sino solamente por la utilidad que aporta al dueño. Por consiguiente, puede ser destituido precipitadamente por causas de las cuales él no tiene la menor culpa. Una posible destitución es un miedo constante, y cuando ocurre produce un contratiempo inmerecido y muchas veces un gran prejuicio contra el medio social, del que es víctima. Éstas son unas cuantas de las maldades de nuestro sistema actual desde el punto de vista de la producción. Es razonable esperar que todas estas maldades serían remediadas bajo cualquier sistema socialista.

Hay dos cuestiones que tenemos que considerar cuando estudiamos el problema siguiente: ¿Hasta qué punto necesita el trabajo un motivo económico? La primera cuestión es: ¿Tiene la sociedad que pagar más por el trabajo más especializado, o por el que tiene mayor valor social, para que este trabajo sea hecho en cantidades suficientes? La segunda cuestión es: ¿Es posible hacer el trabajo lo suficientemente atractivo para producir lo necesario, aun en el caso de que los holgazanes recibieran una porción igual a la que reciben los que producen con su trabajo?

La primera de estas cuestiones explica la división existente entre dos de las escuelas del socialismo: los socialistas moderados admiten algunas veces que, aun bajo el socialismo, sería conveniente conservar los salarios desiguales para los distintos grados de trabajo, mientras que los socialistas absolutos predican salarios iguales para todos los obreros.

La segunda cuestión, al contrario, crea una división entre socialistas y anarquistas; los segundos no privarían a un hombre de las comodidades porque no trabajen, mientras que los primeros, en general, sí lo harían.

Nuestra segunda cuestión es tanto o más fundamental que la primera, y debe ser examinada en seguida, y en este examen la cuestión primera encontrará un lugar sin gran esfuerzo.

¿Salarios o reparto libre? «La abolición del sistema de salarios» es una de las consignas comunes a anarquistas y socialistas avanzados. Pero en su sentido más natural es una consigna a la cual tan sólo los anarquistas tienen derecho. En el concepto anarquista de la sociedad todas las comodidades ordinarias estarán al alcance de todo el mundo, sin restricción, como hoy día lo está el agua.[1]

Los defensores de este sistema hacen notar que se aplica

1. «A causa de que la producción comercial de nuestro siglo ha dado al espíritu público una propensión egoísta, la tendencia comunista está demostrando continuamente su existencia y tentando entrar en la vida pública. El puente en el cual había que pagar diez céntimos para atravesar el río ha desaparecido para dejar lugar al puente gratuito, y el camino de portazgo fue reemplazado por el camino libre. Se encuentra el mismo espíritu introducido en miles de otras instituciones. Los museos, las bibliotecas y escuelas públicas gratuitas; los parques y jardines públicos; las calles, empedradas e iluminadas, gratuitas para el uso de todo el mundo; el abastecimiento de agua a las casas particulares, y la tendencia más y más corriente de no hacer caso de la exacta cantidad consumida por cada individuo; los tranvías y los ferrocarriles, que ya han empezado a introducir el billete de temporada o el precio uniforme, y seguramente irán más lejos en este sentido cuando dejen de ser una propiedad privada; todos estos síntomas indican la tendencia que el progreso tomará muy probablemente en el porvenir.» (Kropotkin, *Anarco-Sindicalismo.*)

ya a muchas cosas que antes tenían que ser pagadas; por ejemplo: las carreteras y los puentes. Afirman que puede ser fácilmente extendido hasta incluir los tranvías y los trenes locales. Siguen manteniendo (como Kropotkin, por medio de sus pruebas, de que la tierra puede hacerse indefinidamente más productiva) que todos los géneros comunes de subsistencia pueden ser regalados a todo el que los pida, pues sería fácil producirlos en cantidades adecuadas a toda posible demanda. Si este sistema se extendiera a todas las necesidades de la vida, todo el mundo tendría asegurada su subsistencia, siendo libre para ocupar sus días en lo que prefiriese.

En cuanto a las comodidades que no pueden producirse en cantidades indefinidas, tales como lujos y gollerías, éstas también, según los anarquistas, tienen que ser repartidas sin pagar, pero repartida la cantidad disponible por un sistema de raciones, siendo dividida equitativamente entre el pueblo. Sin duda, a pesar de que esto no se dice, será preciso poner un precio a los lujos, de modo que el hombre pueda ser libre para decidir el momento de escoger su parte: un hombre prefiere un buen vino, otro los puros habanos más finos, otro cuadros o bellos muebles. Es de suponer que todos podrán tener aquellos lujos que les pertenezcan, en cualquier forma que prefieran; los precios serán fijados y relacionados de tal manera por lotes para que la demanda sea equitativa. En un mundo así, el estímulo económico habrá completamente desaparecido, y si es preciso que el trabajo continúe tiene que ser por otros motivos.[1]

1. Hay en el libro de Alfred Naquet *L'Anarchie et le Collectivisme*. París, 1904, un hábil examen de esta cuestión, y de otras varias, desde el punto de vista de una oposición razonada y moderada al anarquismo.

¿Es posible sistema tal? Primero, ¿es posible, técnicamente, proveer a las necesidades de la vida en cantidades tan grandes como sería necesario si cada hombre o mujer pudiera coger lo que quisiera de las tiendas públicas?

El concepto de la compra y el pago es tan familiar, que el propósito de abolirlo parece al principio fantástico. No obstante yo creo que no es, ni mucho menos, tan fantástico como parece. Si nosotros pudiéramos adquirir pan sin pagar nada, no cogeríamos más que una cantidad bastante pequeña. En las condiciones actuales, el precio del pan para el rico es una proporción tan pequeñísima de su ingreso, que no limita en casi nada su consumo; a pesar de ello, la cantidad de pan que los ricos consumen puede ser dada a todo el pueblo por medio de métodos perfeccionados de agricultura. (No hablo ahora aquí de un período de guerra.) La cantidad de alimentación que una persona desea tiene límites naturales, y la pérdida que resultaría no sería probablemente muy grande. Como indican los anarquistas, ahora la gente goza de una provisión ilimitada de agua, pero muy pocos dejan correr el agua cuando no están empleándola, y se puede suponer que la opinión pública se opondría a una pérdida excesiva.

Podemos afirmar, creo yo, que el principio de una provisión ilimitada puede ser adoptado en lo que se refiere a todas las comodidades para las cuales la demanda sea menor que lo que puede ser fácilmente producido, y éste sería el caso si la producción estuviera lo suficientemente bien organizada en cuanto a las necesidades de la vida, incluyendo no solamente las comodidades, sino también otras cosas, por ejemplo, la educación. Aunque toda educación, incluyendo la de la Universidad, fuera libre, la juventud sólo querría cierta proporción, a menos que fuese radicalmente transformada por el régimen anarquista. La misma observación se aplica a la alimentación simple, a los trajes sencillos y a las otras cosas que por ser elementales tenemos necesidad de proveernos de ellas.

Creo que podemos concluir diciendo que no hay imposibilidad técnica en el proyecto anarquista del reparto.

Sin embargo, ¿es que el individuo haría el trabajo necesario si tuviera asegurado, aun si no trabajara, el bienestar?

La mayoría de la gente responderá a esta cuestión fríamente con la negativa. Aquellos patronos, en particular los que tienen la costumbre de insultar a sus obreros como si fueran una colección de zafios ociosos y borrachos, estarán convencidos de que no se puede persuadir a éstos a trabajar sin una amenaza de despido o de miedo a la miseria. ¿Es ello tan cierto como la facilidad con que la gente lo cree? Si el trabajo fuese lo que es ahora para la mayor parte, sin duda sería muy duro intentar persuadir a la gente, excepto a causa del miedo al despido. No hay razón alguna para creer que el trabajo continuaría siendo la faena fatigosa que en condiciones horribles sufren actualmente, en su mayor parte, los trabajadores.[1]

1. «El exceso de trabajo repugna a la naturaleza humana, pero no el trabajo. El exceso de trabajo para proveer a una minoría los lujos, pero no el trabajo que origina el bienestar de todos. El trabajo, la labor, es una necesidad psicológica; la necesidad de gastar la energía física acumulada; una necesidad que es en sí la salud y la vida. Si tantas clases de trabajo útil son hechas ahora de mala gana, es únicamente porque imponen un exceso de trabajo o no están bien organizadas. Nosotros sabemos —el viejo Franklin lo sabía también—, que cuatro horas de trabajo útil por día son más que suficientes para que todo el mundo pueda gozar del bienestar de una casa de una familia verdaderamente acomodada de la clase media, si todos nosotros nos dedicáramos a un trabajo

Si los hombres tienen que ser atraídos en vez de ser obligados al trabajo, es claro que el interés de la comunidad sería hacer el trabajo agradable. En tanto que el trabajo no sea hecho, en general, con agrado, no se puede decir que ha sido logrado nada que se parezca a un feliz estado de la sociedad. ¿Es que se puede evitar la pena del trabajo?

Actualmente el trabajo mejor pagado es el de las clases profesionales y el del comercio, que es, en general, agradable. No quiero decir que cada momento sea agradable, sino que la vida del hombre que tiene esta clase de trabajo es en su mayor parte más alegre que la de un hombre que goce de un ingreso igual sin hacer nada. Un cierto esfuerzo o algún trabajo profesional es necesario para los hombres vigorosos que quieran conservar su salud mental y su entusiasmo por la vida. Hay mucho trabajo hecho sin remuneración. Gente que tiene un concepto optimista de la humanidad hubiera podido suponer que los deberes de un magistrado estarían entre los oficios desagradables, como el de limpiar las cloacas; pero un cínico puede sostener que los placeres de ser vengativo y sentirse moralmente superior son tan grandes que no hay ninguna dificultad para encontrar ancianos que sin recibir un céntimo como remuneración de sus

productivo y no derrochásemos nuestras fuerzas productivas, como hacemos ahora. En cuanto a la cándida cuestión que desde unos cincuenta años se viene sosteniendo de ¿quién hará el trabajo desagradable?, yo lamento francamente que ninguno de nuestros sabios se haya visto obligado a hacerlo, aunque fuera tan sólo por un día. Si hay todavía trabajo que es desagradable en sí, es únicamente porque nuestros científicos no han querido pensar en los medios para hacerlo menos desagradable; han sabido siempre que había una multitud de hambrientos que harían aquellos trabajos por unos cuantos céntimos al día.» (Kropotkin, *Anarco-Comunismo.*)

servicios envíen a unos infelices desamparados a la tortura de la cárcel.

Además, descontando la alegría que produce el trabajo en sí —y el deseo de que el prójimo tenga una buena opinión, por el sentido de eficacia que el trabajo tiene para conservar a los hombres en acción—, alguien objetará: Es que la clase de trabajo que un hombre escogiese voluntariamente sería siempre excepcional: la mayor parte del trabajo necesario no puede ser nunca otra cosa que fatigoso. ¿Quién va a escoger la vida de un minero si tuviese ocasión de vivir acomodadamente? ¿O de un fogonero de barco transatlántico? Yo creo que debemos convenir en que mucho del trabajo necesario será siempre desagradable, o por lo menos penosamente monótono, y que tendremos que conceder, si el sistema anarquista tiene que ser practicable un día, privilegios especiales a los que realicen esos trabajos. Es cierto que la introducción de tales privilegios especiales desfiguraría la lógica rotunda del anarquismo, pero no es necesario llegar hasta una infracción verdaderamente vital del sistema. La gran parte del trabajo que hay que hacer puede convertirse en agradable si se pusiera algo de atención y cuidado en esta cuestión. Aun ahora, muchas veces es tan sólo las muchas horas por día lo que hace el trabajo fatigoso. Si las horas normales del trabajo se redujesen, diremos, a cuatro, como puede ser por una mejor organización y métodos más científicos, gran parte del trabajo que ahora se siente como una carga cesaría de serlo. Si, como propone Kropotkin, el trabajo agrícola, en vez de ser la faena de toda la vida de un campesino inculto que vive muy cerca de la abyecta miseria, fuese la ocupación casual de hombres y mujeres normalmente ocupados en la industria o en un trabajo intelectual; si en vez de ser dirigido según los antiguos métodos tradicionales, sin posibilidad de una participación inteligente por parte del jornalero, fuese éste colaborador en la busca de nuevos métodos y nuevas invenciones, lleno de un espíritu de libertad, e invitando a la cooperación tanto mental como material a aquellos que ejecutan el trabajo, el agrícola pudiera convertirse en una alegría en vez de ser un fastidio, y en una fuente de salud y vida para aquellos que se ocupasen de él.

Lo que es cierto de la agricultura es, según los anarquistas, igualmente cierto de la industria. Afirman que, si las grandes organizaciones económicas (que ahora están dirigidas por los capitalistas, sin consideración alguna para las vidas de los jornaleros, fuera de lo que pueden exigir las Uniones de Trabajadores) fueran convertidas gradualmente en comunidades autónomas, en las cuales los productores pudieran decidir sobre todas las cuestiones de métodos, condiciones, horas de trabajo, etc., habría una mejora casi ilimitada: la suciedad y el ruido podrían ser casi eliminados; el horror de las regiones industriales podría ser transformado en belleza; el interés en los aspectos científicos de la producción podría, teniendo un poco de inteligencia natural, difundirse entre todos los productores, y algo de la alegría que tiene el artista cuando crea; el trabajo hecho en estas condiciones puede inspirar a todos.

Todo lo que en el momento actual está completamente lejos de la realidad, puede ser producido por una autonomía económica. Podemos conceder que, por estos medios, una gran proporción del trabajo necesario en el mundo podría hacerse, en última instancia, lo suficientemente agradable para ser preferido a la pereza, aun para los hombres cuya subsistencia fuese asegurada aun si ellos no trabajasen. En cuanto al resto del trabajo, admitimos que sería preciso entregar, a aquellos que emprendiesen trabajos, premios en especies, honores o privilegios extraordinarios. Ello no tendría que ser causa de objeciones fundamentales.

Habría, naturalmente, una cierta proporción del pueblo que preferiría la holganza. A condición que esta proporción fuese pequeña, esto no importaría. Y entre aquellos que fuesen clasificados como vagos podrían ser incluidos los artistas, escritores, hombres dedicados a las ocupaciones intelectuales y abstractas. Concisamente, todos aquellos que la sociedad desprecia mientras viven y honrará cuando hayan muerto. Para tales hombres, la posibilidad de seguir con su propio trabajo, sin tener en cuenta el reconocimiento público de su utilidad, sería inestimable. Cualquiera que observe cuántos de nuestros poetas han sido hombres de fortuna personal, se dará cuenta de cuánta capacidad poética ha quedado sin desarrollar a causa de la indigencia, puesto que sería absurdo suponer que los ricos están más dotados por la Naturaleza de capacidad poética. La libertad para estos hombres, y ellos son muy pocos, debe dárseles en premio; porque lo que ellos producen tiene un valor superlativo y contrarresta, además, lo que los vagos dejan sin hacer.

Hasta ahora hemos expuesto los argumentos a favor del sistema anarquista. Basta por ahora, a mi juicio, para que parezca lo suficientemente realizable y con posibilidades de éxito; pero no es aún lo suficiente para hacerlo tan probable que fuera prudente intentarlo.

La cuestión de la posibilidad de los propósitos anarquistas en lo que se refiere a la distribución, es, como tantas otras, una cuestión cuantitativa. Los propósitos de los anarquistas consisten en dos partes: Primera, que todas las comodidades comunes deben ser previstas, *ad libitum*, a todos los que las pidan; y segunda, que ni la obligación de trabajar ni la recompensa económica por el trabajo deben ser impuestas a nadie. Estas dos proposiciones no son forzosamente inseparables y ninguna de las dos comprende todo el sistema del anarquismo, aunque sin ellas el anarquismo sería casi imposible. En lo que se refiere a la primera de estas dos proposiciones, puede ser realizada actualmente en lo que atañe a algunas necesidades, y, aún más, podría ser realizada muy pronto en cuanto a otras muchas. Es un plan flexible, puesto que este o aquel artículo de consumo puede ser colocado en la lista gratuita o tachado, según las circunstancias.

Sus ventajas son muchas y diferentes; las corrientes actuales tienen tendencia a desarrollarse en este sentido. Yo creo que podemos terminar aceptando esta conclusión: que esta última parte del sistema anarquista puede adoptarse poco a poco muy fácilmente, llegando gradualmente hasta el pleno desarrollo del ideario que ellos desean.

En cuanto a la segunda proposición, es decir, que no debe obligarse a nadie a trabajar ni debe darse recompensa económica por el trabajo, la cuestión es mucho más problemática. Los anarquistas suponen siempre que, si sus proyectos fuesen realizados, casi todo el mundo trabajaría; pero aunque muchas más razones se pueden añadir en defensa de esta opinión que la mayoría de la gente las admitiría sin titubeos, es dudable que se puedan probar prácticamente. Puede darse el caso de que en una comunidad donde la industria se haga habitual, debido a una presión industrial, la opinión pública tuviera una potencia suficiente para forzar a la mayoría de los hombres a trabajar.[1]

Hay siempre la duda de hasta qué punto este estado de cosas sería permanente. Si la opinión pública tiene que ser verdaderamente eficaz, sería preciso buscar algún método para dividir la comunidad en pequeños grupos y permitir a cada grupo consumir únicamente el equivalente de lo que produce.

Ello hará que el motivo económico opere sobre el grupo, que, supuesto ya por nosotros como el más diminuto, sentirá que su parte colectiva ha sido disminuida considerablemente por cada uno de los miembros que no trabajan.

Un sistema anarquista de este grado podría ser practicable, pero sería contrario a todo el espíritu de su doctrina y destruiría las líneas principales del sistema económico.

La actitud del socialismo ortodoxo frente a esta cuestión es distinta de la del anarquismo.[2]

1. «En cuanto a la objeción, tantas veces repetida, de que nadie trabajaría si no estuviera obligado por la pura necesidad, hemos oído hablar mucho de ello; antes de que los esclavos recibieran la libertad en América y los siervos en Rusia, hemos tenido ocasión de juzgarlo en su justo mérito. Por eso no intentaremos convencer a aquellos que se dejan persuadir únicamente por los hechos consumados. En cuanto a los que razonan, deben saber que es realmente cierto en lo tocante a algunas clases de la humanidad, en su nivel más bajo. ¿Pero qué sabemos nosotros de eso? Y si algunas pequeñas comunidades o individuos aislados han sido llevados a la desesperación por haber fracasado en la lucha contra las condiciones desfavorables, no es así en la mayoría de las naciones civilizadas. Entre nosotros, el trabajo es una costumbre y la pereza un producto artificial.» (Kropotkin, *Anarco-Comunismo.*)

2. «Mientras que tengan este concepto sintético de la producción, los anarquistas no pueden mantener, como los colectivistas, que una remuneración

Entre los medios más inmediatos que predica el *Manifiesto comunista* se halla la «equitativa obligación para todos de trabajar. La formación de ejércitos industriales, especialmente para la agricultura». La teoría socialista predica que, en general, tan sólo el trabajo da derecho a gozar de lo producido. Habrá, naturalmente, algunas excepciones en esta teoría: los viejos y los muy jóvenes, los enfermos y aquellos cuyo trabajo no es necesario temporalmente, sin que ellos mismos tengan la culpa.

El concepto fundamental del socialismo, en cuanto a la cuestión que estamos tratando, es que todos los que puedan trabajar deben ser obligados, o por medio de la amenaza que la miseria lleva consigo, o por la aplicación del Código Penal. Y, naturalmente, el único género de trabajo reconocido será el que las autoridades consideren útil. La composición de libros contra el socialismo o contra cualquier teoría incorporada al gobierno, seguramente no sería reconocida como trabajo: tampoco la pintura de cuadros de un estilo que no fuese académico, ni la representación de obras que no gustasen al censor. Toda nueva línea de pensamiento sería proscrita, a menos que el pensador, por medio de la influencia o la corrupción, se insinuase a favor de los *brahmanes.* Estos resultados no han sido previstos por los socialistas, porque ellos se figuran que el Estado socialista estará gobernado por hombres tales como aquellos que lo defienden ahora. Eso, naturalmente, es una ilusión. Los gobernantes, entonces, se parecerán tan poco a los socialistas de hoy como los dignatarios de la Iglesia después de la época de

proporcionada a las horas de trabajo dedicadas por cada persona a producir bienes, pueda ser una sociedad ideal, ni mucho menos.» (Kropotkin, *Anarco-Comunismo.*)

Constantino se parecen a los apóstoles. Los hombres que predican una reforma popular son raros en su desinterés y su ardor por el bienestar del público; pero aquellos que tienen el poder después de la realización de la reforma pertenecerán muy probablemente, en general, al tipo ambicioso que quiere siempre dirigir y que en todas las épocas se han apoderado del gobierno de las naciones. Y este tipo no se ha mostrado nunca tolerante frente a la oposición o a los amigos de la libertad.

Parece, pues, que aun si el plan anarquista tiene sus peligros, el plan socialista los tiene iguales, por lo menos. Es cierto que las maldades que hemos previsto bajo el socialismo existen ahora; pero el fin de los socialistas es curar las maldades del mundo actual; no pueden convencernos con el argumento de que no harán las cosas peor.

El anarquismo tiene una ventaja en lo que se refiere a la libertad; el socialismo, en lo que se refiere a las obligaciones del trabajo. ¿No es posible encontrar un método que combine estas dos ventajas? Me parece que sí.

Ya hemos visto que, a condición de que la mayor parte del pueblo trabaje moderadamente y que el trabajo se haga tan productivo como la ciencia y la organización pueden llegar a conseguirlo, no hay razón alguna para que las necesidades de la vida no sean abastecidas libremente por todos. Nuestra única duda era: el que los motivos para trabajar, bajo un régimen anarquista, no fuesen lo suficientemente fuertes para evitar una peligrosa y corriente holgazanería. Pero sería fácil mandar que, aunque las necesidades fuesen sostenidas gratuitamente para todos, cualquier cosa que pasase más allá de las necesidades fuesen tan sólo para aquellos que trabajasen, no, como es usual hoy, únicamente para aquellos que están actualmente trabajando, sino también para todos aquellos que no trabajasen por una causa cualquiera, no siendo la culpa suya.

Encontramos ahora que un hombre que tiene un pequeño ingreso de unas inversiones que le bastan justamente para defenderse de la privación, casi siempre prefiere encontrar un trabajo con sueldo para poder comprar algunos lujos. Así sería, probablemente, en una comunidad tal como nosotros nos la estamos figurando. Al mismo tiempo, el hombre que sintió una vocación por una profesión de arte, ciencia o pensamiento que no encontrase reconocimiento, estaría libre de seguir su deseo en el caso que él consintiera en desdeñar los placeres y vivir días de trabajo.

Y el número, comparativamente pequeño, de los hombres que tienen un horror invencible al trabajo —y la clase de hombres que ahora se hacen vagabundos—, podría tener una vida sin malestares, sin que existiera un gran peligro de que se hicieran lo suficientemente numerosos para ser una carga seria sobre los laboriosos. Así, las exigencias de la libertad podrían unirse con la necesidad de algún estímulo económico para trabajar. Tal sistema me parece que tendría mayor probabilidad de éxito que el anarquismo puro o el socialismo ortodoxo puro.

Expresado en términos más corrientes, el plan que nosotros predicamos consiste esencialmente en esto: que un cierto pequeño ingreso, suficiente para las necesidades, sea asegurado a todo el mundo, trabaje o no, y que un ingreso mayor, tan elevado como la cantidad total de comodidades permitiera repartir, fuera dado a aquellos que se ocupasen en algún trabajo que estuviese reconocido por la comunidad como útil. Sobre esta base podemos seguir construyendo; creo que no es preciso siempre pagar más por un trabajo especializado o considerado como socialmente más útil, puesto que un trabajo de esa clase es más agradable y apreciado que el trabajo ordinario y por lo cual sería preferido por aquellos que son capaces de hacerlo.

Pero podemos conceder, por ejemplo, un ingreso intermedio a aquellos que quieran trabajar únicamente la mitad del número de las horas usuales, y un ingreso superior a la mayoría de los obreros de aquellos que escogen un trabajo relativamente desagradable. Un tal sistema es perfectamente compatible con el socialismo, aunque lo sea difícilmente con el anarquismo.

Más tarde añadiremos algo sobre esas ventajas. Por ahora me contento con afirmar que este plan combina la libertad con la justicia y evita los peligros que nosotros hemos encontrado, escondidos, tanto en los propósitos de los anarquistas como en los de los socialistas ortodoxos, que contra la estabilidad de la comunidad existen.

Capítulo V

EL GOBIERNO Y LA LEY

El gobierno y la ley consisten, en su esencia misma, en la restricción de la libertad, y la libertad es, por excelencia, el mejor de los bienes políticos.[1]

Un pensador superficial puede afirmar, sin añadir nada nuevo, que la ley y el gobierno son maldades que tienen que ser abolidas si nuestra finalidad es la libertad. Pero esta conclusión, cierta o falsa, no puede ser comprobada tan sencillamente. En este capítulo examinaremos los argumentos de los anarquistas contra la ley y el Estado. Procederemos partiendo de la suposición de que la libertad es la finalidad suprema de un buen sistema social;

1. No digo que la libertad es el más excelente de todos los bienes; las mejores sustancias vienen de dentro: son el arte creativo, el amor y el pensamiento y otras muchas. Las que pueden ser ayudadas o destruidas por las condiciones políticas, pero no realmente producidas por ellas; y la libertad es tanto en sí como en su relación a estos otros bienes, la mejor cosa que las condiciones políticas y económicas pueden asegurar.

pero sobre esta misma base los argumentos de los anarquistas nos parecerán muy sospechosos.

El respeto por la libertad de los demás no es un impulso natural en la mayoría de los hombres; la envidia y el deseo de obtener el poder hacen que la humanidad, en general, encuentre un placer en intervenir en las vidas de los demás. Si las acciones de todos quedasen completamente libres del control de una autoridad externa, nosotros no habríamos logrado un mundo en el cual todos fuésemos libres. Los fuertes oprimirían a los débiles, la mayoría oprimiría a la minoría, o los amantes de la violencia oprimirían a la gente pacífica. Me parece que no se puede decir que estos malos impulsos sean enteramente el resultado de un sistema social deficiente, aunque sea preciso conceder que la organización actual de las rivalidades en la sociedad hace mucho para nutrir a los peores elementos de la humanidad. El deseo de obtener el poder es un motivo que, aunque sea innato en los hombres muy ambiciosos, es principalmente fomentado por la experiencia misma del poder. En un mundo donde nadie pudiese concentrar en sí mucho poder, el deseo de tiranizar tendría mucha menos fuerza que ahora. No obstante, no puedo creer que sería completamente imposible, y aquellos en los cuales siguieron existiendo esos deseos serían muchas veces hombres de una energía y capacidad de acción extraordinarias. Estos hombres, si no fuesen retenidos por la voluntad organizada de la comunidad, podrían establecer un despotismo o, por lo menos, hacer una tentativa tan vigorosa que pudiera ser vencida tan sólo a través de un período prolongado de desorden.

Además, aparte del deseo de obtener el poder político,

hay un deseo de ejercer el poder sobre los individuos. Si las amenazas y el terrorismo no fuesen prohibidos por la ley, es difícil no creer que la crueldad no sería corriente en las relaciones entre los hombres y las mujeres, los padres y los hijos. Es cierto que las costumbres de un pueblo pueden hacer que la crueldad llegue a ser rara; pero estas costumbres, por desgracia, pueden ser producidas tan sólo por medio de un régimen legal prolongado. La experiencia de las comunidades de las selvas apartadas, o en las cuencas mineras y otros lugares parecidos, parece indicar que bajo nuevas condiciones los hombres se volverían fácilmente a un estado de mayor barbarie.

Parece que mientras la humanidad no se transforme habrá más libertad para todos en una comunidad donde algunos actos de tiranía individual sean prohibidos, que en una comunidad donde la ley deje a cada persona libre para seguir todos sus impulsos. Sin embargo, aunque fuese preciso reconocer, por el momento, la necesidad de alguna forma de gobierno y de ley, es importante recordar que toda ley y gobierno es en sí, en un cierto grado, un daño, que es justificable únicamente cuando impide otros daños mayores. Todo fruto del poder del Estado necesita, por consiguiente, ser examinado muy atentamente, y toda posibilidad de disminuir su poder tiene que ser grata, a condición de que no conduzca a un régimen de tiranía personal.

El poder del Estado es parcialmente legal y en parte económico: los actos que son desagradables al Estado pueden ser castigados por el Código Penal, y las personas que incurren en el menosprecio del Estado pueden tener muchas dificultades para ganarse la vida.

Las opiniones de Marx sobre el Estado no son muy

claras. De un lado, parece estar dispuesto, como los modernos socialistas de Estado, a conceder mucho poder al Estado; pero del otro lado propone que, cuando la revolución socialista se haya consumado, el Estado, como nosotros lo conocemos, desaparecerá. Entre las medidas predicadas en el *Manifiesto comunista* como inmediatamente deseables hay varias que aumentarían muchísimo el poder del Estado existente; por ejemplo: la «Centralización del crédito en manos del Estado por medio de un Banco Nacional, en el que el capital pertenecerá al Estado y gozará de un monopolio exclusivo»; y otra vez: «Centralización en manos del Estado de todos los medios de transporte». Y el *Manifiesto* sigue diciendo:

> *Una vez desaparecidos los antagonismos de clases en el curso de su desenvolvimiento, y estando concentrada toda la producción en manos de los individuos asociados, entonces perderá el Poder público su carácter político. El Poder público, hablando propiamente, es el poder organizado de una clase para la opresión de las otras. Si el proletariado, en su lucha contra la burguesía, se constituye fuertemente en clase, si se erige por una revolución en clase directora y como clase directora destruye violentamente las antiguas relaciones de producción, destruye, al mismo tiempo que estas relaciones de producción, las condiciones de existencia del antagonismo de las clases; destruye las clases en general, y, por lo tanto, su propia dominación como clase.*
>
> *En susbstitución de la antigua sociedad burguesa, con sus clases y sus antagonismos de clases, surgirá una asociación en la que el libre desenvolvimiento de cada uno será la condición del libre desenvolvimiento de todos.*[1]

Marx ha observado esta actitud, en lo esencial, durante toda su vida. Por consiguiente, no hay que extrañarse de que sus discípulos, en cuanto a sus finalidades inmediatas,

1. *Manifiesto comunista*, pág. 70.

se hayan hecho, en general, consumados socialistas de Estado.

Por otra parte, los sindicalistas, que aceptan de Marx la doctrina de la lucha de clases, que ellos consideran como la parte verdaderamente vital, rehusan la idea del Estado, odian a éste y quieren abolirlo completamente, en lo cual están de acuerdo con los anarquistas. Los socialistas de gremio, o socialistas gremiales, aunque algunas personas, en Inglaterra, los consideran como extremistas, son realmente los únicos que representan el amor que el inglés tiene por sus compromisos.

Los argumentos sindicalistas a propósito de los peligros inherentes al poder del Estado, han hecho que a éstos no les agrade en nada la vieja idea del socialismo de Estado; pero tampoco pueden aceptar la opinión anarquista de que la sociedad pueda renunciar absolutamente a una autoridad central. Por consiguiente, ellos proponen que haya dos instrumentos iguales de gobierno en una comunidad: el uno, geográfico, representando los consumidores, y esencialmente la continuación del Estado democrático; el otro, representando los productores, organizados no geográficamente, sino en sindicatos, del mismo modo que la Unión Industrial. Estas dos autoridades tratarán de dos clases distintas de problemas. Los socialistas de gremio no consideran la autoridad industrial como formando parte del Estado, porque afirman que el Estado, esencialmente, tiene que ser geográfico; pero la autoridad industrial se parecerá al Estado actual en el hecho de que tendrá fuerza coercitiva y sus decretos serían impuestos cuando hiciera falta. Es de sospechar que los sindicalistas, aunque se opongan mucho al Estado existente, no se opondrían a emplear la coerción sobre individuos en una industria por la unión de aquella industria. El gobierno dentro de la Unión de Trabajadores sería, probablemente, tan estricto, como lo es actualmente un gobierno de Estado.

Cuando nosotros decimos: estamos suponiendo que el anarquismo teórico de los jefes sindicalistas no sobreviviría a la ascensión al poder, por desgracia, la experiencia nos muestra que esto no es una suposición muy arriesgada.

Entre todas las distintas opiniones, la que produce la discusión más fundamental es la afirmación de los anarquistas de que la coerción por parte de la comunidad no es necesaria. Como de muchas de las afirmaciones anarquistas, se podría decir, en defensa de esta opinión, más de lo que la mayoría de los hombres pensarían de ella a primera vista. Kropotkin, que es su expositor más capaz, indica cuánto ha sido logrado ya por el método del libre acuerdo. El no quiere abolir el gobierno en el sentido de las decisiones colectivas; lo que sí quiere es abolir el sistema por el cual una decisión obliga a aquellos que se oponen a ella.[1]

1. «De otro lado, el *Estado* ha sido confundido también con el *Gobierno.* Puesto que no puede haber un Estado sin Gobierno, se ha dicho algunas veces que es la ausencia del Gobierno, y no la abolición del Estado, lo que debe ser nuestro fin.

»Me parece, sin embargo, que el Estado y el Gobierno representan dos ideas de distinto género: la idea del Estado, que es muy distinta a la de Gobierno, no solamente incluye la existencia de un poder colocado más alto que la sociedad, sino también *una centralización territorial y la concentración de muchas funciones de la vida de la sociedad en las manos de unos cuantos, o aun de todos.* Implica la creación de nuevas relaciones entre los miembros de la sociedad.

»Esta distinción característica, que tal vez no se observa a primera vista, aparece muy clara cuando uno estudia el origen del Estado.» (Kropotkin, *El Estado.*)

Todo el sistema del gobierno representativo y del dominio de la mayoría es para él una cosa muy mala.[1] Indica casos tales como los acuerdos entre los sistemas distintos de los ferrocarriles del continente para que haya trenes rápidos intercontinentales y una cooperación en general. Indica que, en tales casos, las Compañías o autoridades interesadas nombran cada una delegado, y que los delegados proponen una base de acuerdo, que tiene que ser ratificada después por cada uno de los cuerpos que los nombran. La asamblea de los delegados no tiene potencia coercitiva alguna; una mayoría no puede hacer nada contra una minoría recalcitrante. Sin embargo, eso no ha impedido la conclusión de acuerdos muy complicados. Por medio de tales métodos, así afirman los anarquistas, las funciones útiles del gobierno pueden ser realizadas sin freno alguno. Sostienen que la utilidad de un acuerdo es tan clara que asegurará la cooperación una vez sean destruidos los motivos rapaces asociados al sistema actual de propiedad privada.

Aunque este punto de vista sea muy atractivo, no puedo dejar de creer que es resultado de la impaciencia y representa una tentativa a encontrar un camino más corto hacia el ideal que toda persona humana desea.

1. El gobierno representativo ha desempeñado su papel histórico: ha dado un golpe fatal al mando de la corte, y por sus discusiones ha despertado el interés del pueblo por las cuestiones públicas. Pero es un grave error ver en él un gobierno de la sociedad socialista del porvenir. Cada fase económica de la vida implica su propia fase política; y es imposible tocar a la base misma de la vida económica actual (la propiedad privada) sin una transformación correspondiente en la base misma de la organización. No en el aumento de los poderes del Estado, sino en el recurso a la libre organización y federación de todas aquellas secciones que ahora están consideradas como sometidas al Estado. (Kropotkin, *Anarco-Comunismo.*)

Empecemos con el problema del crimen privado.[1]

Los anarquistas sostienen que el criminal es producido por las malas condiciones sociales, y desaparecería en un mundo creado como ellos quieren.[2]

Indudablemente hay una gran verdad en este punto de vista. Habría muy pocos motivos para robar, por ejemplo, en un mundo anarquista, a menos que el robo fuera organizado en grande por una partida de hombres que se decidieran a hacer fracasar el régimen anarquista. Se puede conceder también que las impulsiones hacia la violencia criminal pudieran ser, en gran parte, eliminadas por una mejor educación.

Pero todos estos argumentos tienen, creo yo, sus limitaciones.

1. Hay un excelente examen de esta cuestión en la obra, ya citada, de monsieur Naquet.

2. «En cuanto a la tercera y principal objeción que mantienen, que es preciso para un gobierno castigar a los que violan las leyes de la sociedad, hay muchas cosas que decir sobre eso, lo que hace difícil tratarlo por incidencia. Cuanto más estudiamos la cuestión, tanto más estamos obligados a afirmar que la sociedad, en sí, es responsable de las acciones antisociales cometidas en medio de ella; y que ningún castigo, ninguna cárcel y ningún verdugo puede disminuir el número de tales hechos; solamente puede hacerlo una reorganización de la sociedad en sí misma.

»Las tres cuartas partes de los delitos que son juzgados por los tribunales cada año tienen su origen, o directa o indirectamente, en la desorganización actual de la sociedad, en lo que se refiere a la producción y distribución de la riqueza, y no en la perversidad de la naturaleza humana. En cuanto a los relativamente pocos delitos antisociales que resultan de inclinaciones antisociales de individuos, no es por las cárceles ni tampoco por el verdugo como podemos disminuir su número. Por nuestras cárceles, tan sólo los multiplicamos y los empeoramos. Por nuestros agentes de policía secreta, nuestro «precio por la sangre», nuestras ejecuciones y nuestras prisiones, propagamos en la sociedad una corriente tan terrible de las pasiones y odios más bajos, que el que se diera cuenta de los efectos de estas instituciones en toda su extensión tendría miedo de lo que la sociedad está haciendo bajo el pretexto de mantener la moralidad. Es *absolutamente preciso* que busquemos otros remedios; y estos remedios han sido ya indicados desde hace mucho tiempo.» (Kropotkin. *Anarco-Comunismo.*)

Tomando un ejemplo extremo, no es razonable suponer que no habría en una comunidad algunos anarquistas locos, y que entre estos locos hubiese algunos homicidas. Probablemente nadie afirmaría que se les debe dejar en libertad. Pero no hay demarcación fija en la Naturaleza: desde el loco homicida hasta el cuerdo que tiene pasiones violentas, hay una graduación continua. Aun dentro de la más perfecta comunidad habrá hombres y mujeres cuerdos en general, pero que sentirán un impulso a matar por celos. Estos ahora son retenidos, en general, por medio de un castigo; pero si este castigo no existiese, estos crímenes serían, probablemente, mucho más frecuentes, como se puede ver en la conducta de ciertos soldados cuando venían a descansar por unos días durante la Gran Guerra. Además, ciertas maneras de conducirse inspiran hostilidad al público y, casi inevitablemente, causarían la indignación pública, seguida del linchamiento, si no existiera ningún otro método oficial para castigar.

Hay en la mayoría de los hombres una cierta ansia natural de venganza, no siempre dirigida contra los peores miembros de la comunidad. Por ejemplo, Spinoza estuvo en peligro de ser asesinado por el populacho por ser sospechoso de una inoportuna amistad con Francia, en una época en que estaban en guerra Holanda y Francia. Aparte de estos casos, habría el peligro, muy real, de una tentativa organizada para destruir la comunidad de anarquistas y restablecer las antiguas opresiones. ¿Es probable, por ejemplo, que Napoleón, si hubiese nacido dentro de una comunidad tal como Kropotkin defiende, hubiera consentido en vivir sin luchas, en un mundo donde su genio no hubiese podido encontrar ninguna esfera de acción? Yo no puedo prever cómo se podría impedir una unión entre los hombres ambiciosos que, organizándose en un ejército privado, fabricasen sus propias municiones y acabaran esclavizando a los ciudadanos sin defensa, que se habían fiado de la atracción inmanente de la libertad. Aun en el caso de que un grupo de ciudadanos, en la comunidad anarquista, se dedicaran a organizar un ejército privado, fuesen los que fuesen sus fines, no se les podría prohibir, sin menoscabo de los principios anarquistas (pero, naturalmente, podría ocurrir que se formase un ejército privado contrario a las ideas anarquistas, o de hombres de otras opiniones). En efecto, Kropotkin menciona los antiguos voluntarios de Gran Bretaña como ejemplo de un movimiento de naturaleza anarquista[1].

Aun si no se formase un ejército de rapiña dentro de la comunidad, podría ser atacada fácilmente por una nación vecina o ser invadida por una horda de razas incivilizadas.

En tanto que exista la ambición por el poder, yo no veo cómo se puede impedir que la comunidad no se prepare para la defensa de una posible agresión, si no es por medio de la fuerza organizada de ella misma.

Me parece que nosotros estamos obligados a concluir con que el ideal anarquista de una comunidad en la que no hubiese algún acto prohibido por la ley, no es, por lo menos por ahora, compatible con la estabilidad de un mundo tal como los anarquistas desean. Para obtener y conservar un mundo que se parezca en cuanto sea posible a lo que ellos desean, sería todavía necesario prohibir por la ley algunos actos. Los más importantes pueden ser considerados bajo esta división:

1. *Anarco-Comunismo*, pág. 27.

1. El robo.
2. Los crímenes.
3. La creación de organizaciones para subvertir por la fuerza el régimen anarquista.

Resumiremos brevemente lo que se ha dicho ya a propósito de la necesidad de estas prohibiciones.

1. *El robo.* Es cierto que en un mundo anarquista no existirá la indigencia, y, por consiguiente, no habrá robos a causa del hambre. Pero los robos de este género no son ahora, de ninguna manera, los más grandes ni los más dañosos. El sistema de raciones, que tiene también que ser aplicado a los lujos, dejará muchos hombres con menos lujos de los que ellos quieren. Dará ocasiones para la malversación por aquellos que controlen los establecimientos públicos, y les dejará la posibilidad de apropiarse de los objetos de arte de gran valor, que serían, naturalmente, conservados en los museos públicos. Uno puede decir que tales formas de robo serían impedidas por la opinión pública. Sin embargo, la opinión pública no es una fuerza eficaz sobre una persona si no es la opinión de su propia secta. Un grupo de hombres organizados para robar puede fácilmente despreciar la opinión pública, a menos que ésta se hiciese efectiva por el empleo de la fuerza contra los ladrones. En efecto, probablemente esta fuerza sería aplicada por la indignación popular; pero en aquel caso las maldades del Código Penal serían restablecidas y se añadirían los inconvenientes de la incertitud, la precipitación y la pasión, que son inseparables de la práctica del linchamiento. Si, como nosotros hemos propuesto, fuera necesario dar un estímulo económico para trabajar, como medio de permitir menos lujos a los ociosos, sería un nuevo motivo para

robar y una nueva necesidad para alguna forma del Código Penal.

2. *Los crímenes.* La crueldad hacia los niños, los crímenes de celos, estupro, etc., ocurren casi seguramente en cualquier sociedad, hasta cierto punto. La anulación de estos actos es esencial para la existencia de la libertad de los débiles. Si no se hiciera nada para impedirlos, es muy probable que las costumbres de la sociedad se harían poco a poco más brutales, y unos actos que ahora son raros serían más frecuentes. Si los anarquistas tienen razón en cuanto afirman que la existencia de un sistema económico tal como ellos desean evitaría crímenes de este género, las leyes que los prohiben no serían efectivas y no resultarían perniciosas a la libertad. Si, al contrario, el impulso a tales acciones permaneciera, sería preciso hacer algo para impedir que los hombres dieran expresión a estos impulsos.

3. La tercera clase de dificultades es mucho más seria e implica una intrusión en la libertad individual muchísimo más violenta. Yo no puedo comprender cómo un ejército privado puede ser tolerado dentro de una comunidad anarquista, ni cómo puede ser evitado sin la prohibición general de llevar armas. Si no hubiera esta prohibición, las partes contrarias organizarían fuerzas rivales y el resultado sería la guerra civil. No obstante, si hay tal prohibición, no puede ser bien realizada sin un abuso considerable de la libertad individual. Sin duda, después de algún tiempo, la idea de servirse de la violencia para alcanzar un fin político puede desaparecer, así como la costumbre del desafío. Pero tales transformaciones de costumbres y de actitudes son facilitadas por la prohibición legal, y aún acontecerían difícilmente sin ella. No

hablaré todavía del aspecto internacional de este mismo problema, pues me propongo tratar de ello en el capítulo próximo; pero claro es que las mismas consideraciones se aplican con mayor fuerza aún en las relaciones entre las naciones.

Si admitimos, aunque sea de mala gana, que es necesario un Código Penal y que tiene que ser empleada la fuerza de la comunidad para impedir ciertos actos, surge un problema más: ¿Cómo se debe tratar el crimen? ¿Cuál es la mayor medida de humanidad y respeto para la libertad que sea compatible con el reconocimiento de un hecho tal como el crimen? La primera cosa que hay que reconocer es que todo el concepto del delito o pecado tiene que ser completamente olvidado. Actualmente, el criminal sufre el desfavor de la comunidad: el único método aplicado para evitar el crimen es la aplicación de pena al criminal. Se hace todo lo posible por degradar su espíritu y destruirle el respeto de sí mismo. Aun aquellos goces que serían convenientísimos para civilizarle son prohibidos únicamente porque son goces, mientras que mucho del sufrimiento infligido es de tal clase que no puede hacer otra cosa sino embrutecerle y degradarle. Naturalmente, no hablo ahora de aquellas pocas instituciones penales que han estudiado seriamente cómo se puede reformar al criminal. Estas instituciones, sobre todo en América, han sido capaces de ir demostrando que se pueden lograr los más notables resultados; pero quedan en todas partes las excepciones. La regla general es todavía que el criminal se ve obligado a sentir odio a la sociedad. Forzosamente tiene que salir de tal tratamiento, insolente y hostil, o sumiso y rastrero, con el espíritu degradado y el respeto a sí mismo perdido. Ninguno de estos resultados es otra cosa que un mal. Además, ningún buen resultado puede ser logrado por un método que no separa la persona de la condenación.

Cuando un hombre sufre una enfermedad infecciosa es un peligro para la comunidad y es preciso limitar su libertad de circular. Pero nadie asocia la idea de delito con esta situación. Al contrario, el enfermo es un objeto de conmiseración para sus amigos. Se dan los pasos recomendados por la ciencia para curarle, y, generalmente, él se resigna de buena gana a la reducción de su libertad durante algún tiempo. El mismo espíritu debe tenerse en el tratamiento de lo que se llama «crimen». Se supone, naturalmente, que el criminal está animado por cálculos de su propio interés y que el miedo al castigo, que es un motivo contrario a su propio interés, le ofrece el mejor argumento para disuadirle.

«El perro, para lograr algún fin particular, se volvió rabioso y mordió al hombre». Ese es el concepto popular del crimen; pero ningún perro se vuelve rabioso por capricho, y probablemente lo mismo ocurre, en verdad, en la mayoría de los delitos de los criminales y seguramente en el caso de los crímenes pasionales. Aun en los casos en que el interés propio es el motivo, lo que tiene importancia es impedir el crimen y no hacer sufrir al criminal. Cualquier sufrimiento que pueda ser causado por el proceso de prevención tiene que ser considerado como lamentable, lo mismo que el dolor infligido por una operación quirúrgica. Al hombre que comete un crimen inspirado en cálculos de interés propio debe hacérsele comprender que es por su interés propio por lo que no debe cometer más delitos; cuando plenamente se haya convencido, puede servir para una vida que sea útil a la comunidad mejor que para una que sea dañosa. Para ello es necesario, sobre todo, ensanchar su horizontes y aumentar el alcance de sus deseos. Actualmente, cuando un hombre sufre un amor mezquino hacia sus prójimos, el método de curarle que éstos adoptan generalmente no parece muy adaptado a tener éxito, siendo, en efecto, esencialmente lo mismo que su actitud hacia ellos. El fin de la administración de la cárcel es evitarse la molestia y no estudiar los casos individuales. El preso está guardado en una celda de la cual está excluida toda vista de la tierra; está sometido a la barbarie de los carceleros, que han sido, muy frecuentemente, embrutecidos por su ocupación.[1]

La severidad del castigo nació a causa del ansia de venganza y el miedo, en una época en que muchos criminales se libraban completamente de la acción de la justicia. Ahora una parte muy grande del Código Penal trata de asegurar los derechos de la propiedad, es decir, de asegurar las cosas como hoy se encuentran y los privilegios injustos de los ricos. Aquellos cuyos principios les conducen a luchar contra el Gobierno, como los anarquistas, denuncian a la ley y a las autoridades por la manera injusta de apoyar al *statu quo*. Muchas de las acciones por medio de las cuales los hombres se han enriquecido son mucho más dañosas a la comunidad que los crímenes oscuros de los pobres; no obstante, no son castigadas porque no tocan al orden existente. Si el poder de la comunidad tiene que ser empleado para impedir cierta clase de acciones por medio del Código Penal, es preciso que estas acciones sean realmente aquellas que

1. Esto fue escrito antes que el autor tuviera experiencia personal del sistema carcelario. El, personalmente, no conoció otra cosa que la benevolencia en manos de los oficiales de la cárcel.

hacen daño a la comunidad: cómo debe ser el tratamiento de los criminales, el libertarlos del concepto del delito e inspirarlos en el mismo espíritu que existe en el tratamiento de las enfermedades. Pero si estas dos condiciones fueran cumplidas, no puedo dejar de creer que una sociedad que conserve la existencia de la ley sería preferible a una conducida sobre los puros principios del anarquismo.

Hasta aquí hemos considerado la fuerza que el Estado saca del Código Penal. Hay muchas razones para creer que esta fuerza no puede ser enteramente abolida, aunque pueda ser ejercida completamente con otro espíritu, sin el deseo de venganza y reprobación moral que ahora forman su esencia.

Llegamos ahora a tratar del poder económico del Estado y de la influencia que éste puede ejercer por medio de la burocracia. Los socialistas de Estado discuten como si no hubiese peligro alguno para la libertad dentro de un Estado que no estuviera basado en el capitalismo. Eso me parece un perfecto error. Dado que habrá una clase social de oficiales, sea cual sea el sistema de escogerlos, es inevitable que haya un grupo de hombres cuyos instintos les impulsen hacia la tiranía. Además del deseo natural del poder, tendrán una convicción fija (como se ve ahora en las filas más altas de los empleados del Estado) de que ellos sólo saben lo suficiente para poder juzgar de lo que es bueno para la comunidad. Así como todos los hombres que administran un sistema llegarán hasta creer que el sistema en sí mismo es sagrado. Las únicas transformaciones que desearán serán, seguramente, las que se refieran a cómo la gente debe gozar de las buenas cosas concedidas por los *déspotas benévolos.* Cualquiera que crea que éste es un cuadro exagerado, seguramente no ha estudiado la influencia y métodos actuales de los empleados de Estado. Sobre cada cuestión que surge saben muchísimo más que el público en cuanto a todos los hechos definidos del asunto; la única cosa que no saben es «dónde *aprieta el zapato al público*». Pero aquellos que lo saben son, probablemente, inaptos para exponer su caso. Lo que no se puede decir sin preparación es exactamente cuántos zapatos aprietan a cuántos pies, o cuál es el remedio preciso que se necesita.

La solución preparada para los ministros por los empleados de Estado es aceptada por el público «respetable» como imparcial, y está considerado como solucionado el caso de los descontentos, excepto cuando hay una cuestión política de causa mayor, sobre la cual se pueden ganar o perder unas elecciones. Esta, por lo menos, es la manera de arreglar las cosas en Inglaterra; y hay razón para creer que, bajo el socialismo de Estado, el poder de los oficiales sería muchísimo mayor que lo es ahora.

Aquellos que aceptan la doctrina ortodoxa de la democracia afirman que si algún día el poder del capital fuera abolido, unas instituciones representativas bastarían para deshacer los daños de la burocracia. Los anarquistas y los sindicalistas han dirigido una crítica implacable contra esta opinión. Los sindicalistas franceses en particular, siendo de un país altamente demócrata, han tenido una experiencia muy amarga de cómo el poder del Estado puede ser empleado contra una minoría avanzada. Esta experiencia les ha obligado a abandonar completamente la creencia en el derecho divino de las mayorías. La Constitución que ellos quieren no sería la que dejase una esfera de acción de las minorías vigorosas, conscientes de sus fines y preparadas a trabajar para lograrlos. No se puede negar que a todos los que deseamos el progreso, la experiencia actual del gobierno representativo demócrata nos ha proporcionado un enorme desengaño. Concediendo —como, según a mi juicio, debemos hacer— que es preferible a cualquier forma *previa* de gobierno, tenemos que reconocer, no obstante, que gran parte de la crítica que hacen del gobierno los anarquistas y sindicalistas es absolutamente justificada.

Una tal crítica hubiera tenido más influencia si una idea neta de un cambio de la democracia parlamentaria hubiera sido comprendida por la generalidad. Hay que confesar que los sindicalistas no han presentado su caso de un modo adaptado para atraer al ciudadano de la clase media. Mucho de lo que dicen se reduce a esto: que una minoría consistente de obreros especializados en las industrias vitales, puede, por medio de una huelga, hacer imposible la vida económica de toda la comunidad, y así puede obligar a la nación a aceptar su voluntad.

La acción que ellos quieren se compara con el apoderarse de las fuerzas de una generadora motriz y con la cual todo un gran sistema eléctrico puede paralizarse. Una tal doctrina es un llamamiento a la fuerza, y, naturalmente, choca con el llamamiento a la fuerza hecho del otro lado. Es inútil que los socialistas protesten que ellos desean el poder únicamente para conceder la libertad; el mundo que ellos intentan establecer no tiene todavía atracción para la voluntad efectiva de la comunidad, y no puede ser inaugurado con estabilidad hasta que esto ocurra. Proceder por la persuasión es muy lento, y puede ser acelerado algunas veces por medio de métodos violentos. Hasta este punto, estos métodos pueden ser justificados.

El último fin de todo reformador que desea la libertad, no puede ser logrado sino por la persuasión. La tentativa de obligar a aquéllos a aceptar la libertad cuando no desean lo que nosotros consideramos como la libertad, tiene siempre que fracasar; y los sindicalistas, como los reformadores, tienen, finalmente, que fiarse en la persuasión para lograr su fin.

Sería una equivocación confundir los fines con los métodos; por poco que sea que nosotros estemos de acuerdo con la proposición de imponer el milenario sobre una comunidad que, por tener hambre, no lo quiera, a pesar de eso podemos conceder que gran parte de lo que los sindicalistas quieren lograr es deseable.

Dejemos de pensar en la crítica del gobierno parlamentario, que va unida al sistema actual de la propiedad privada, y consideremos únicamente las que podrán hacerse a la comunidad colectivista. Hay ciertos defectos que parecen innatos a la naturaleza misma de las instituciones representativas. Hay un sentido de altivez, consecuencia inevitable del éxito en el campeonato por ganar el favor del público. Hay una costumbre casi inevitable de hipocresía, puesto que la experiencia demuestra que la democracia no descubre la falsedad de un orador, y, por otra parte, se ofenderá por cosas que aun el hombre más sincero pueda creer necesarias. De ahí nace un tono de cinismo entre los diputados y un sentido de que nadie puede conservar su posición en la política sin hacer trampas. Ello es culpa tanto de la democracia como de sus representantes; pero parece inevitable, entretanto, que todo lo que exija un grupo de hombres a sus defensores sea la lisonja. Tenga quien tenga la culpa, el mal tiene que ser reconocido como algo que se encuentra forzosamente en las formas existentes de la democracia.

Otro mal que se observa especialmente en los grandes Estados es la gran distancia entre la sede del gobierno y muchos de los departamentos y provincias electorales; una distancia que es psicológica más que geográfica. Los legisladores viven cómodos, protegidos por gruesas murallas y policía sin número contra la *vox populi;* pasa el tiempo, y recuerdan muy poco las pasiones y promesas de sus campañas electorales; llegan a considerar lo esencial para el hombre de Estado, representar los intereses no solamente de un grupo de descontentos, sino de la comunidad entera; pero los intereses de la comunidad entera son lo suficientemente indifinidos para que parezcan fácilmente identificados con los intereses propios del diputado. Por todas estas razones el Parlamento llega a traicionar al pueblo, consciente o inconscientemente; y no es extraño que hayan producido cierta indiferencia de la teoría democrática por parte de los defensores más entusiastas del trabajo.

El gobierno de la mayoría, como existe en los grandes Estados, es propenso al defecto fatal de que, en lo que se refiere a un gran número de cuestiones de que se trata, tan sólo una pequeña parte de la nación tiene un interés directo o algún conocimiento. Cuando la gente no tiene un interés directo en una cuestión, está muy dispuesta a dejarse influenciar por consideraciones sin importancia; esto se ve en la extraordinaria mala gana que tiene la gente de conceder la autonomía a las naciones o grupos subordinados. Por eso es muy peligroso dejar a la nación entera la decisión de cuestiones que conciernan únicamente a una pequeña sección, que esta sección sea geográfica, industrial o definida de cualquier otra manera. El mejor remedio para esto, por lo que se puede ver hasta ahora, consiste en acordar la autonomía a cada grupo importante, dentro de una nación, en todas las cuestiones más relacionadas con aquel grupo que con el resto de la comunidad.

El gobierno de un grupo elegido por el grupo mismo estará mucho más cerca de sus electores, mucho más consciente de sus intereses, que un Parlamento lejano que representa nominalmente todo el país. La idea más original en el sindicalismo —adoptada y desarrollada por los miembros del socialismo gremial (*Guild Socialism*)— es la idea de hacer las industrias autónomas en lo que se refiere a sus vidas internas. Por este medio, extendido también a aquellos otros grupos que tienen claramente intereses distintos y divisibles, los defectos que se han mostrado en la democracia representativa pueden, creo yo, ser superados en su mayor parte.

Los socialistas gremiales (*Guild Socialism*) tienen otro propósito. Así como hemos visto que van haciendo surgir naturalmente la autonomía de los gremios industriales, con lo cual esperan limitar el poder del Estado y sostener la conservación de la libertad personal, proponen, además que el Parlamento sea elegido (como ahora) sobre una base territorial y representando la comunidad como consumidora. Preconizan también un congreso de gremios (*Guild Congress*), sucesor glorioso del actual Congreso de Uniones de Trabajadores, porque creen que debe haber un congreso que consista en representantes elegidos por los gremios, que representarían la comunidad como productores.

Este método de disminuir el poder excesivo del Estado

ha sido expuesto por Mr. G. D. H. Cole en su libro *La autonomía en la industria.*[1]

«Así como ahora el Estado acuerda los actos a propósito de las fábricas, o del reglamento de las minas de carbón, en el porvenir será el Congreso de Gremios quien acordará tales actos, y su poder para ejecutarlos será el mismo que el del Estado. La razón final de ellos para defender este sistema es que, en su opinión, tenderá a conservar la libertad personal.

»La razón fundamental para la conservación, en una sociedad democrática, de las formas de organización social, tanto industriales como políticas, es, a mi juicio, que el hombre, como individuo, puede ser libre únicamente cuando el enorme poder ahora ejercido por el capitalismo industrial esté dividido.»

¿Puede el sistema propuesto por Mr. Cole lograr este fin? Yo creo que está claro que sería, en este respecto, mejor que el actual. Cualquier método que logre que los representantes estén en una relación más estrecha con los intereses acerca de los que deben legislar, tiene que mejorar el gobierno representativo; este fin probablemente sería logrado si las cuestiones de producción fueran dejadas al Congreso de Gremios. Pero si a pesar de las garantías propuestas por los socialistas de gremio, el Congreso de Gremios se hiciera todopoderoso en las anteriores cuestiones, si resultase casi inútil que un gremio que se sintiese maltratado opusiera resistencia a la voluntad del congreso, muy probablemente los males que se consideran ahora como resultado de la omnipotencia del Estado reaparecerían muy pronto.

1. Bell, 1917.

Tan pronto como los jefes de las Uniones de Trabajadores se incorporan a las fuerzas gubernamentales del país, tienden a hacerse autocráticos y conservadores y pierden el contacto con sus electores, gravitando, por una simpatía psicológica, hacia una cooperación con los que están en el poder. El hecho de que ellos estuviesen colocados formalmente en el poder por medio del Congreso de Gremios, aceleraría este proceso. Tenderán pronto a unirse, en efecto, si no ostensiblemente, con aquellos que están en el poder, en el Parlamento. Aparte de unos raros conflictos, parecidos a la rivalidad entre banqueros antagonistas que ahora interrumpen algunas veces la armonía del mundo capitalista, habría, en la mayor parte de los casos, un acuerdo entre las principales personas de las dos Cámaras. Y una tal armonía robaría al individuo la libertad que él había esperado asegurar por medio del desacuerdo de los patronos.

Si nosotros no estamos equivocados, no hay método ninguno por medio del cual se pueda asegurar que un cuerpo representativo de la comunidad entera, sea ya como productores, ya como consumidores, o afectando ambas formas, sea una garantía suficiente de la libertad personal. La única manera de conservar en lo posible la libertad (y aun esto no bastará en el caso de las minorías muy reducidas) es la de organizar a los ciudadanos que tienen intereses especiales en grupos decididos a conservar la autonomía con respecto a sus cosas internas, dispuestos a resistir cualquier intervención por medio de una huelga, si hace falta, y bastante poderosos (o en sí mismos o a causa de su influencia sobre la simpatía pública) para resistir a las fuerzas organizadas del gobierno cuando defiendan una causa que muchos estimen justa. Si este método llegara a tener éxito, es preciso tener organizaciones adecuadas, pero también un respeto general a la libertad y una falta de sumisión al gobierno, tanto en la teoría como en la práctica. Es indudable que habrá algún peligro de desorden en una sociedad organizada bajo estas bases; pero este peligro no representará nada en comparación con el peligro de estancamiento, que es inseparable de una autoridad central todopoderosa.

Podemos ahora resumir nuestro examen de los poderes del gobierno.

El Estado, a pesar de lo que opinan los anarquistas, parece una institución necesaria para ciertas funciones. Las cuestiones de la paz y de la guerra, de las tarifas, del reglamento de las condiciones sanitarias y de la venta de drogas nocivas, la conservación de un sistema justo de distribución; éstas, entre otras, son las funciones que casi no pueden ser cumplidas en una comunidad que no tiene gobierno central alguno. Tomemos por ejemplo el comercio de bebidas alcohólicas o el comercio de opio en la China. Si se puede obtener el alcohol por el precio que cuesta fabricarlo, sin impuestos; aún más: si se puede obtenerlo sin pagar nada, como desean los anarquistas, ¿es imposible creer que habría un funesto y gran aumento del alcoholismo?

China llegó a dos dedos de la ruina por el opio, y cada chino patriota querría ver restringido el comercio de opio. En tales casos, la libertad no es una panacea, y algún grado de restricción legal parece obligado en bien de la salud nacional.

Sin embargo, considerando que el Estado, de alguna forma, tiene que continuar, debemos acordarnos también, creo yo, de que sus poderes deben ser limitados a lo absolutamente necesario. No hay manera alguna de limitar sus poderes sino por medio de grupos que estén celosos de sus privilegios y decididos a conservar su autonomía, aunque para ello necesitasen oponerse a las leyes decretadas por el Estado, siempre que estas leyes del Estado interviniesen en las cuestiones internas de un grupo y no justificaran de alguna manera su interés público. La apoteosis del Estado y la doctrina de que es el deber de cada ciudadano servir al Estado son cosas radicalmente opuestas al progreso y a la libertad. El Estado, aunque sea ahora una de las causas de muchos males, es también un medio para lograr ciertas cosas buenas, y será necesario mientras los impulsos a la violencia y a la destrucción sigan siendo frecuentes. Pero es simplemente un medio, y, además, un medio que tiene que ser empleado raras veces y con mucho cuidado, o, si no, hará más daño que beneficio. No el Estado, sino la comunidad, la universal comunidad de todos los hombres del pasado y del porvenir, a quien nosotros tenemos que servir; y una buena comunidad no surge de la gloria del Estado, sino del desarrollo libre de los individuos: del gozo cotidiano, del trabajo congénito al individuo, dando ocasión a cada hombre o mujer a ejercer su sentido constructivo, sea el que sea, o a las libres relaciones personales, incluyendo el amor y anulando la envidia, que nace de la incapacidad del afecto, y sobre todo, la alegría de vivir y su expresión en las creaciones espontáneas del arte y de la ciencia. Es esto lo que hace que una época o una nación merezca la existencia. Es en el individuo en quien todo lo bueno tiene que ser realizado, y el libre desarrollo del individuo tiene que ser el fin supremo del sistema político que deba reformar el mundo.

CAPÍTULO VI

LAS RELACIONES INTERNACIONALES

Se puede decir que hay dos fines principales a los que las relaciones internacionales tienen que servir: primero, evitar las guerras, y segundo, impedir que las naciones fuertes tiranicen a las débiles. Estos dos fines no pueden ser logrados obligatoriamente por el mismo medio, puesto que uno de los medios más fáciles para asegurar la paz del mundo sería una combinación de los Estados más poderosos; pero ello traería a su vez la explotación y opresión de los fuertes sobre los demás. Este método no puede ser favorecido por un amante de la libertad. Nos debemos acordar siempre de los dos fines y no contentarnos tan sólo con uno de los dos. Uno de los lugares comunes del socialismo y del anarquismo es que todas las guerras modernas son causadas por el capitalismo y cesarían si el capitalismo fuera abolido. Esto, a mi juicio, es solamente una verdad a medias; la mitad que es cierta tiene importancia, pero la mitad que no es cierta es quizá tan importante cuando uno piensa en una reconstrucción fundamental de la sociedad.

Los socialistas y anarquistas, cuando critican la sociedad actual, indican con una exactitud perfecta ciertos factores capitalistas que fomentan las guerras. El primero de éstos es el afán de los financieros en buscar nuevos campos de inversión en países sin desarrollo. Mr. J. A. Hobson, un escritor que no es de ningún modo extremista en sus ideas, ha expuesto muy bien este problema en su libro sobre *La evolución del capitalismo moderno.*[1]

Dice:

En la raíz económica, el principal motivo que dirige todo el desarrollo imperialista moderno es la exigencia urgente de mercados para las industrias capitalistas: primero, mercados para la inversión, y segundo mercados para vender los productos sobrantes de las industrias nacionales. Allí donde la concentración del capital está más avanzada y un sistema riguroso de protección prevalece, esta exigencia es forzosamente más urgente. Los trusts *y demás empresas de fabricación que limitan su producción para el mercado nacional no solamente necesitan urgentemente mercados extranjeros, sino que también están necesitados de asegurar los mercados protegidos, y esto puede ser logrado tan sólo hasta donde llega a extenderse el dominio político. Esta es la significación esencial de la transformación reciente en las relaciones extranjeras de América, como se ve en la guerra contra España, la anexión de las Filipinas, la política relativa a Panamá y la nueva aplicación de la doctrina Monroe para los Estados de América del Sur. Los Estados Unidos de América del Norte necesitan de América del Sur como un mercado de preferencia para invertir las ganancias y vender los productos sobrantes de sus* trusts*; si, más tarde, los Estados de América del Sur pueden ser incluidos en una unión aduanera bajo la soberanía de los Estados Unidos, la extensión financiera de las operaciones cobrará una dimensión muy importante. Los prespicaces financieros americanos han empezado a ver en China un campo muy*

1. Walter Scott Publishing Company, 1906, pág. 262.

importante para sus empresas ferroviarias. Y el desarrollo de la industria en general, el aumento creciente del comercio de algodón americano y de otras mercancías en China será una retribución subordinada al alcance de la extensión de las inversiones americanas. Los magnates financieros que controlan el destino político de los Estados Unidos de América del Norte se servirán de la presión diplomática y la fuerza de las armas, y aun, si hace falta, se incautarán del territorio para controlarlo políticamente. La marina americana, fuerte y costosa, que se construye actualmente, sirve al fin incidental de subvencionar a las lucrativas industrias de construcciones de buques y del metal; su verdadera significación y utilidad es la de ayudar el avance de la política agresiva impuesta sobre la nación por las exigencias económicas de los capitalistas financieros.

Hay que entender claramente que esta presión constante por extender el área del mercado no es una causa inevitable de la industria organizada. Si la concurrencia fuera reemplazada por combinaciones de carácter realmente cooperativo, por las cuales todas las ganancias de las economías perfeccionadas pasarían o como sueldo a los trabajadores o como dividendo a los grandes grupos de accionistas, el aumento de la demanda en los mercados nacionales sería tan grande que la potencia productiva del capital concentrado sería absolutamente empleada y no habría ningún resto crecido de ganancias, convirtiéndose en un nuevo crédito y exigiendo un empleo en el exterior. Son las ganancias de los monopolios, de los trusts, *en la construcción, operación financiera o trabajo industrial, las que forman un fondo creciente de crédito; y la posesión de este crédito por la clase financiera significa una demanda en disminución de las comodidades y un correspondiente empleo limitado del capital en las industrias americanas. Dentro de ciertos límites se puede encontrar una mejora en el estímulo del comercio de exportación, logrado por medio de una tarifa protectora elevada que prohiba toda intervención en el monopolio de los mercados nacionales. Pero es extremadamente difícil que los* trusts *adaptados a las necesidades de un mercado nacional del cual ellos tienen el monopolio, puedan ajustarse a sus métodos, a la libre concurrencia en los mercados del mundo sobre la base beneficiosa de un comercio estable. Además, un aumento de este orden en las demandas de los mercados interiores es conveniente tan sólo para ciertos* trusts *de fabricación; los propietarios de los* trusts *de ferrocarriles y de los* trusts *financieros tienen siempre que buscar sus ganancias sobrantes en las inversiones extranjeras. Esta necesidad de aumentar constantemente los campos de inversión es el gran eje del sistema financiero y amenaza con dominar la economía del porvenir y la política de la gran república.*

La economía financiera del capitalismo americano muestra bajo una forma más dramática una tendencia común a la de todas las naciones industriales avanzadas. La fácil circulación del capital desde Gran Bretaña, Alemania, Austria, Francia, etc., hacia las minas de África del Sur o de Australia,las obligaciones egipcias o los valores inseguros de las repúblicas de América del Sur, confirma la general e idéntica presión, que aumenta con el desarrollo de la maquinaria financiera, y el control más lucrativo de esta maquinaria por la clase de financieros profesionales.

* * *

La manera de que tales condiciones tiendan hacia una guerra hubiera podido ser ilustrada si Mr. Hobson hubiese escrito más tarde y por más recientes causas. Se obtiene con las empresas un porcentaje de interés más remunerador en un país poco explotado que en un país ya civilizado; puesto que los peligros de un gobierno inseguro pueden ser reducidos al mínimo, para hacer esto los financieros llaman a las fuerzas del ejército y a la marina del país a que temporalmente aseguran pertenecer. Para obtener el apoyo de la opinión pública en su petición, acuden al poder de la prensa.

La prensa es el segundo gran factor que los hombres que critican el capitalismo indican cuando quieren probar que el capitalismo es el origen de las guerras modernas. En vista de que la administración de un gran periódico necesita un gran capital, los propietarios de los órganos importantes forzosamente pertenecen a la clase capitalista, y sería un raro y excepcional suceso si no simpatizasen con su propia clase en las ideas y en la manera de ver las cosas. Ellos pueden determinar las noticias que debe tener la gran multitud de lectores de periódicos; pueden realmente falsificar las noticias, o, sin ir tan lejos, escogerlas cuidadosamente, dando aquellos párrafos que puedan fomentar las pasiones que a ellos les conviene estimular, y suprimiéndolas cuando sea necesario recetar un antídoto. De este modo el concepto del mundo en la imaginación del lector medio de periódicos es falseado, por ser lo que conviene a los intereses del capitalista. Esto es cierto en muchos sentidos; pero sobre todo en cuanto se refiere a las relaciones entre las naciones. A la mayoría del pueblo de un país puede hacérsele amar u odiar cualquier otro país, según el deseo de los propietarios de los periódicos, que están muchas veces influidos, directa o indirectamente, por el deseo de los grandes financieros. Mientras fue conveniente que Inglaterra odiara a Rusia, nuestros periódicos estaban llenos de relatos del trato que se daba a los presos políticos en Rusia, la opresión de Finlandia y Polonia y otros temas parecidos. Tan pronto como nuestras relaciones extranjeras habían cambiado, estos párrafos desaparecían de los periódicos más importantes, y leíamos, en vez de aquellas noticias, los delitos de Alemania. La mayoría de los hombres no son suficientemente sagaces para estar alerta contra las influencias de la prensa, y mientras sigan sin tener un sentido crítico, el poder de la prensa continuará siendo muy grande.

Además de estos dos medios influyentes del capitalismo para promover las guerras, hay otros mucho menos subrayados por los que critican el capitalismo, pero de ningún modo menos importantes, quiero decir: el oposicionismo que es corriente entre los hombres acostumbrados a mandar. Mientras que la sociedad capitalista continúe, los que han adquirido riqueza e influencia por medio de una gran posición en la industria o en la hacienda pública tendrán siempre demasiado poder. Estos hombres están acostumbrados en la vida privada a que su voluntad sea raramente contrariada; están rodeados de satélites zalameros que frecuentemente luchan contra las Uniones de Trabajadores. Entre sus amigos y relaciones hay muchos que tienen altos cargos en el gobierno o en la administración, y son éstos igualmente fáciles de convertirse en autocráticos por costumbre de mandar. Era antes corriente hablar de las «clases gobernantes», pero la democracia nominal ha logrado hacer que pasara esta frase de moda. No obstante, es aún muy cierta: hay todavía en cualquier comunidad capitalista los que mandan y los que usualmente obedecen. La manera de ver las cosas de estas dos clases es muy distinta, aunque en una sociedad moderna hay una graduación desde el extremo de la una hasta el extremo de la otra. El hombre que está acostumbrado a ver siempre la gente someterse a su voluntad, se indigna cuando encuentra oposición. Instintivamente está convencido de que la oposición es mala y tiene que ser suprimida. Por eso está mucho más dispuesto que el ciudadano medio a entrar en la lucha contra sus rivales. Por consiguiente, descubrimos —aunque naturalmente con unas excepciones muy notables— que, en general, aquellos que son los más poderosos son también los más belicosos, y aquellos que tienen un nínimum de poder son los menos dispuestos a odiar a las otras naciones. Este es uno de los males inseparables de la concentración del poder. Sería curado únicamente por la abolición del capitalismo y si el nuevo sistema permitiese mucho menos poder a los individuos. No sería curado por un sistema que sustituyese el poder de los ministros u oficiales por el poder de los capitalistas. Esta es una de las razones que se pueden añadir a las mencionadas en el capítulo precedente, para desear una disminución en la autoridad del Estado.

No solamente la concentración del poder sostiene la tendencia de causar las guerras, sino igualmente las guerras y el miedo de ellas necesitan la concentración del poder. En tanto que la comunidad esté expuesta a los peligros imprevistos, la posibilidad de decidirse pronto es absolutamente necesaria para conservarse. La maquinaria pesada de decisiones deliberadas por el pueblo es imposible en una crisis, y por eso, mientras hay la probabilidad de una crisis es imposible abolir el poder casi autocrático de los gobiernos. En este caso, como en muchos otros, cada uno de los dos males correlativos sirve para perpetuar el otro. La existencia de hombres acostumbrados a tener poder aumenta el peligro de la guerra, y el peligro de la guerra hace imposible establecer un sistema en el cual nadie tenga mucho poder.

Hasta ahora hemos analizado lo que hay de verdad en la afirmación de que el capitalismo es el origen de las guerras modernas. Ahora hace falta considerar por otra parte y preguntarnos si la abolición del capitalismo sería en sí suficiente para evitar la guerra.

Yo no creo eso. El punto de vista de los socialistas, tanto como de los anarquistas, me parece, en este sentido como en otros también, excesivamente divorciado de los instintos fundamentales de la naturaleza humana. Hubo guerras antes de que el capitalismo existiera, y la lucha es habitual entre los animales. La fuerza de la prensa para fomentar las guerras se debe enteramente al hecho de que puede llamar a ciertos instintos. El hombre es por naturaleza un competidor, un ser adquisitivo y más o menos belicoso. Cuando la prensa le dice que un señor tal es su enemigo, toda una serie de instintos responde en él a esta insinuación. Es natural que la mayor parte de los hombres supongan que tienen enemigos y encuentran una cierta realización de su naturaleza cuando se aventuran a luchar. Lo que un hombre cree, aun cuando no tiene pruebas suficientes, es un indicio de sus deseos —deseos de los cuales él mismo muchas veces es inconsciente—. Cuando un hombre se encuentra frente a frente con un hecho que se opone a sus instintos, lo examinará de muy cerca, y si la prueba no es abrumadora, se negará a creerlo. Si, por otra parte, encuentra algo que le da una razón para actuar conforme a sus instintos, lo aceptará aun si la prueba fuese falta de fuerza. El origen de los mitos se explica de este modo, y mucho de lo que se cree corrientemente en las cuestiones internacionales es igual a un mito. Aunque el capitalismo, en la sociedad moderna, da al instinto belicoso una ocasión para expresarse, hay motivo para creer que si no hubiese esta ocasión se encontraría alguna otra, a menos que la educación y el ambiente se hubieran transformado de tal manera que la fuerza del instinto de competición se hallase enormemente disminuida. Si una reorganización económica puede efectuar eso, es posible que nos diera una verdadera defensa contra la guerra; pero, si no, hay que temer que las esperanzas de paz universal resulten engañosas.

Es posible, y aun muy probable, que con la abolición del capitalismo disminuyesen grandemente los incentivos de la guerra que se derivan de la prensa y de los intereses de los financieros de encontrar nuevos campos para sus inversiones en países inexplotados; pero aquellos incentivos que se derivan del instinto de mando y de la impaciencia por encontrar la oposición quedarían, aunque tal vez bajo una forma menos virulenta que ahora. Una democracia poderosa es casi siempre más belicosa que una que no ejerce su parte justa en el gobierno. El internacionalismo de Marx se basa en la suposición de que el proletariado, en todas partes, está oprimido por las clases gobernantes. Las últimas palabras del *Manifiesto comunista* afirman esta idea:

¡Que las clases directoras tiemblen ante la idea de una revolución comunista! Los proletarios no pueden perder más que sus cadenas. Tienen, en cambio, un mundo que ganar.
¡Proletarios de todos los países, uníos!

Mientras que el proletariado no tenga nada que perder, a excepción de sus cadenas, es probable que su enemistad no sea dirigida contra otros proletarios. Si el mundo se hubiese desarrollado como Marx pensaba, el género de internacionalismo que él previó hubiera inspirado una revolución social universal. Rusia, que se ajustaba en su desarrollo a las líneas de su sistema más que ningún otro país, ha sufrido una revolución de la misma suerte que Marx esperaba. Si el desarrollo en otros países hubiese sido parecido, es muy probable que esta revolución se hubiera extendido a todo el mundo civilizado. El proletariado de todos los países se hubiese unido contra los capitalistas como su enemigo común, y unidos por un odio idéntico se hubieran librado del odio del uno contra el otro. Aun así, este motivo para unirse hubiera desaparecido con su triunfo, y en la mañana de la revolución social las viejas rivalidades nacionales revivirían. No es posible de ninguna manera producir con odio una armonía universal. Aquellos que han sido empujados a la acción por una doctrina de la lucha de clases habrán adquirido el hábito de odiar e instintivamente buscarán nuevos enemigos cuando los viejos hayan sido vencidos.

En realidad, la psicología del obrero en cualquiera de las democracias occidentales es totalmente distinta de la que el *Manifiesto comunista* supone. El obrero no siente de ninguna manera que no tiene nada que perder sino sus cadenas, y tiene razón. Las cadenas que atan Asia y África a Europa están parcialmente fabricadas por él. El obrero mismo es una parte de un gran sistema de tiranía y explotación. La libertad universal quitaría no solamente sus propias cadenas, que son comparativamente ligeras, sino también las cadenas, mucho más pesadas, que él ha ayudado a poner sobre las razas esclavizadas del mundo.

Los obreros de un país como Inglaterra no solamente tienen su parte en el beneficio obtenido por la explotación de las razas inferiores, sino muchos de entre ellos tienen también una ganancia en el sistema capitalista. Los fondos de las Uniones de Trabajadores y de sociedades benéficas son invertidos en las empresas generales, tales como los ferrocarriles; muchos de los obreros que ganan un poco más de lo corriente han invertido sus ahorros en los valores gubernamentales, y casi todos los que actúan en política son una parte de las fuerzas que determinan la política por medio de la influencia del partido Laborista y las grandes Uniones. Por eso, su manera de ver la vida está impregnada en gran parte por el capitalismo. Y a medida que su sentido de poder se ha aumentado, su nacionalismo se ha hecho más fuerte. Éste tiene que ser el hecho de cualquier internacionalismo basado en el odio al capitalista y la adhesión a la doctrina de la lucha de clases.

Algo más positivo y constructivo que eso hace falta, o, si no, las democracias, cuando gobiernen, heredarán los mismos vicios de las clases gobernantes del pasado.

No es que niegue yo el hecho de que el capitalismo fomente las guerras, o que las guerras serían probablemente menos frecuentes y menos destructivas si la propiedad privada fuese abolida. Al contrario, creo que la abolición de la propiedad individual de la tierra y el capital es un paso necesario en el avance hacia un mundo en el cual las naciones podrán vivir en paz. Yo arguyo solamente que este paso, aunque sea muy necesario, no bastará para lograr aquel fin, y que entre las causas que motivarán la guerra hay otras más profundamente enraizadas en la naturaleza humana que cualquiera de las causas que quieran reconocer los socialistas ortodoxos.

Tomemos un ejemplo. En Australia y California hay una aversión intensa por las razas amarillas. Las razones de ello son complicadas; hay dos principales: la competencia en el trabajo y el odio racial instintivo. Es probable que si no existiera el odio racial, las dificultades de la competencia en el trabajo pudieran ser vencidas. Los emigrantes de Europa compiten también, pero no son excluidos. En un país no muy poblado, el trabajo industrial barato puede ser utilizado de manera que los habitantes se enriquezcan; puede, por ejemplo, ser limitado a ciertos géneros de trabajo, no por costumbre, sino por la ley. Pero el odio racial hace que los hombres vean los defectos de la competencia y no las ventajas de la cooperación; contemplan con horror los vicios un poco raros de los extranjeros, mientras que para sus propios vicios tienen una indulgente tolerancia. No puedo dejar de creer que si Australia fuera completamente socializada quedaría todavía la misma objeción popular a la gran afluencia de obreros chinos y japoneses. Pero aun si Japón se hiciera un Estado socialista, los japoneses podrían sentir la presión de una población sobrante y la necesidad de una disminución. En tales circunstancias, todas las pasiones e intereses necesarios para fomentar una guerra existirían, a pesar de que el socialismo fuese establecido en los dos países. Las hormigas son tan socialistas como cualquier comunidad pueda llegar a serlo. Sin embargo, matan a cualquier hormiga de un hormiguero vecino que se descarríe entre ellas. Los hombres no se diferencian mucho de las hormigas en cuanto a su acción instintiva en este sentido en cualquier sitio donde hay una gran diferencia de raza, como entre los blancos y los amarillos. Naturalmente, el instinto de hostilidad racial puede ser vencido por las circunstancias convenientes; pero cuando tales circunstancias faltan, queda una amenaza formidable sobre la paz del mundo.

Si queremos asegurar de una vez la paz del mundo, yo creo que es menester, junto con otras transformaciones, desarrollar la idea que inspira el proyecto de la Sociedad de las Naciones. El tiempo pasa, y el poder de la guerra para destruir está siempre aumentando y sus ventajas disminuyendo; el argumento racional contra la guerra adquiere cada día más fuerza, a medida que el aumento en la capacidad productiva del trabajo facilita el empleo de una parte siempre creciente del pueblo en el trabajo de matanza mutua. En los tiempos de paz, o cuando una gran guerra acaba de terminarse, el espíritu del hombre se deja persuadir de los razonamientos a favor de la paz, y se pueden organizar planes para que las guerras se hagan menos frecuentes. Probablemente ninguna nación civilizada se aventuraría en una guerra agresiva si fuera casi seguro que el agresor iba a ser vencido. Esto puede ser logrado si la mayoría de las grandes naciones llegasen a considerar la paz del mundo de una importancia tan grande que tomasen parte contra el agresor aun cuando no tuvieran ningún interés directo en la querella. Es sobre esta esperanza sobre la que se basa la Sociedad de las Naciones.

Pero la Sociedad de las Naciones, tanto como la abolición de la propiedad privada, no bastarán de ninguna manera si no van acompañadas o seguidas, desde luego, por otras reformas. Claro es que estas reformas, si tienen que ser efectivas, deben ser internacionales; el mundo tiene que avanzar en su totalidad en estos asuntos, si puede aún avanzar algo. Uno de los hechos más necesarios, si queremos asegurar la paz, es una medida de desarme. En tanto que los enormes ejércitos y marinas actuales existan, ningún sistema puede evitar el peligro de la guerra. Pero el desarme, para servir a su fin, tiene que ser simultáneo y por un acuerdo entre todas las grandes potencias, y es muy inseguro que tenga éxito mientras que haya odio y desconfianza entre las naciones y cada nación sospeche que su vecina no es leal al pacto. Hace falta en las relaciones internacionales otro ambiente espiritual y moral, para que los acuerdos entre las naciones puedan evitar catástrofes, una vez que exista un tal ambiente y pueda ser perpetuado y fortalecido por prudentes instituciones; pero no puede ser creado por las instituciones tan sólo. La cooperación internacional necesita la buena voluntad mutua, y la buena voluntad, sea cual fuere su origen, puede ser conservada solamente por la cooperación. El porvenir internacional depende de la posibilidad de una creación inicial de buena voluntad entre las naciones.

Es en esta clase de cuestiones en las que las revoluciones son muy útiles. Si la revolución rusa hubiera sido acompañada de una revolución alemana, tal vez la dramática precipitación en el cambio hubiera podido lograr que Europa, por el momento, hubiera dejado de pensar de su manera habitual, y tal vez la idea de la fraternidad hubiera aparecido de repente en un abrir y cerrar de ojos, y hubiera hecho su entrada en el mundo la política práctica; y no hay idea alguna tan práctica como la de la fraternidad humana. Con sólo que la gente pudiese ser despertada en el convencimiento, de una vez para siempre, de que la idea de la fraternidad entre las naciones estaba inaugurada con la fe y el vigor propios de una nueva revolución, todas las dificultades que la acompañan desaparecerían, puesto que todo resulta de la desconfianza y la tiranía de un prejuicio antiguo. Aquellos que (como es corriente entre los que hablan inglés) rehusan la revolución como método y preconizan el desarrollo graduado, a pedacitos, que, según lo que nos dicen, constituye un progreso sólido, no se dan cuenta de la potencia de los sucesos dramáticos para cambiar el espíritu y la creencia de pueblos enteros. Una revolución espontánea en Alemania y Rusia indudablemente hubiera tenido efecto tal que hubiera facilitado la creación de un nuevo mundo en este momento.

Dis aliter visum: la utopía no es de nuestra época. El gran momento ha pasado ya, y para nosotros es otra vez la esperanza lejana la que tiene que inspirarnos, y no la expectación inmediata de la salvación.[1]

1. Estas líneas fueron escritas en marzo de 1918, en el momento más terrible de la guerra.

Nosotros hemos previsto lo que hubiese podido venir, y ahora sabemos que es verdad que se ofrecen grandes ocasiones en los tiempos de crisis. En este sentido, más o menos, puede ser exacto el que la revolución socialista sea el camino de la paz universal y que cuando el mundo haya pasado por este camino, todos los medios serán necesarios para que no haya más guerras; se producirá por sí mismo el nuevo ambiente espiritual y moral.

Hay una cierta clase de dificultades que el idealista sensato encuentra siempre cuando especula sobre el porvenir más o menos próximo: consisten en los casos en que la solución que la mayoría de los idealistas cree universalmente aplicable, es por alguna razón imposible y al mismo tiempo se ve rehusada por los defensores de las injusticias existentes por motivos bajos y egoístas. El caso de África tropical ilustrará lo que yo quiero decir. Sería dificilísimo predicar en serio la innovación inmediata de un gobierno parlamentario para los nativos de esta parte del mundo, aun si fuese acompañado por el sufragio femenino y la representación proporcional. Según lo que yo sé, nadie, excepto Mr. Lloyd George, supone capaces de ser utónomos a los pueblos de estas regiones. No cabe duda de que, sea cual sea el régimen de Europa, los negros de África serán todavía, por mucho tiempo, gobernados y explotados por los europeos. Si los Estados europeos se hicieran socialistas y, siguiendo un impulso quijotesco, se negaran a enriquecerse en detrimento de los pueblos indefensos de África, estos pueblos no ganarían nada por eso; al contrario, perderían, porque serían entregados al poder de los negociantes individuales, que actuarían con ejércitos de asesinos asalariados y cometerían toda clase de atrocidades de las cuales el bárbaro civilizado es capaz.

Los gobiernos europeos no pueden dejar de reconocer su responsabilidad en cuanto a África. Están obligados a gobernar allí, y lo mejor que se puede esperar es que gobiernen con el mínimo de barbaridad y rapacidad. Desde el punto de vista de la conservación de la paz mundial, el problema es el de repartir las ventajas que los blancos disfrutan en África, de tal manera que ninguna nación se encuentre injustamente olvidada en su mandato proteccionista. Este problema es comparativamente sencillo, e indudablemente puede ser solucionado conforme con los fines que tienen los socialistas en los países aliados respecto a la guerra. Pero éste no es el problema que deseo discutir. Lo que quiero hacer notar es: ¿cómo podría una comunidad socialista o anarquista gobernar o administrar una región africana, llena de riquezas naturales, pero poblada por un pueblo falto completamente de civilización? Si no se tomaran grandes precauciones, la comunidad de los blancos, en estas circunstancias, adoptaría las maneras y los instintos de un negrero. Intentaría confinar a los negros al simple nivel de la existencia, mientras que se serviría de los productos del país para aumentar el bienestar y el esplendor de la comunidad comunista. Haría eso con aquella cuidadosa inconsciencia que ahora caracteriza a todas las peores acciones de las naciones. Nombraría administradores y esperaría que éstos no hablaran de sus métodos. A los entrometidos que le denunciasen sus atropellos nadie les creería, y se diría que ellos estaban guiados por el odio al régimen existente y por un amor perverso hacia los otros países menos al suyo propio. Indudablemente en el momento del primer entusiasmo generoso del establecimiento del nuevo régimen en la patria, habría toda clase de buenas intenciones para hacer felices a los nativos, pero poco a poco estas buenas intenciones serían olvidadas y se acordaría únicamente de la expoliación obtenida del país. Yo no digo que todos estos males sean inevitables; digo solamente que no serán evitados a menos que fuesen previstos, y que un esfuerzo premeditado y consciente se hiciera para evitar que ellos se realizasen. Si los Estados de los blancos llegan un día hasta el punto de querer realizar, en tanto que sea posible, los principios básicos de la rebelión contra el capitalismo, tendrán que buscar un modo de garantizar un desinterés absoluto en sus tratamientos a las razas dependientes. Será menester evitar la más pequeña indicación de lucro capitalista en el gobierno de África y gastar en los mismos países todo lo que ellos hubieran podido gastar si fuesen autónomos. Además, hay que pensar siempre en que el atraso de la civilización puede ser remediado y que cuando pase algún tiempo, aun los pueblos de África Central podrán hacerse capaces de ser autónomos y democráticos, a condición de que los europeos dirijan sus energías hacia este fin.

El problema de África es, naturalmente, una parte de los problemas más amplios del imperialismo; pero es aquella parte en la cual la aplicación de los principios socialistas es más difícil. En lo que se refiere a Asia, y particularmente a la India y Persia, la aplicación de los principios es comprensible en la teoría, aunque difícil en la práctica política. Los obstáculos que existen para la autonomía en África no existen hasta el mismo punto en Asia. Lo que impide la libertad a los pueblos asiáticos no es su falta de inteligencia, sino tan sólo su falta de fuerza militar, que les hace fácilmente presa de nuestro anhelo vehemente de dominio. Este anhelo sería probablemente suspendido temporalmente en la época siguiente a una revolución socialista, y en este momento una nueva orientación en la política asiática pudiera ser adoptada con resultados beneficiosos permanentes. No quiero decir, naturalmente, que nosotros debemos hacer adoptar a la India la forma de gobierno democrática que nosotros hemos desarrollado para nuestras necesidades. Digo, más bien, que nosotros debemos dejar a la India escoger su forma de gobierno, su modo de educación y su propio tipo de civilización. La India tiene una tradición antigua, muy distinta de la de Europa occidental; una tradición muy estimada por los hindúes cultos, pero inadaptable a nuestras escuelas y universidades. El nacionalista hindú siente que su país tiene un tipo de cultura, comprendiendo elementos de valor que no existen o son mucho más débiles en el Occidente: quiere ser libre para conservar esto, y desea la libertad política por los presentes motivos más que por aquellos que atraerían más naturalmente a un inglés que se hallara en la misma posición subjetiva. La fe que tiene el europeo en su propia cultura le lleva hasta a ser fanático y cruel, y por esta razón, tanto como por cualquier otra, la independencia de la civilización fuera de Europa tiene una importancia muy grande para el mundo, pues no es por medio de una uniformidad muerta por lo que el mundo, en su totalidad, se enriquecerá más.

He expuesto enérgicamente todas las mayores dificultades que impiden la conservación de la paz mundial, no porque crea que estas dificultades sean insuperables, sino, al contrario, porque creo que pueden ser vencidas si están reconocidas. Un diagnóstico exacto es necesariamente el primer paso hacia la curación. Los males existentes en las relaciones internacionales surgen en el fondo de causas psicológicas, de motivos que forman parte de la naturaleza humana, así como ocurre ahora. Entre éstos los principales son el espíritu de competencia, el deseo de lograr el poder y la envidia, es decir, la envidia en el amplio sentido que incluye la antipatía instintiva a todo beneficio de lo que los otros disfrutan sin que nosotros también podamos, por lo menos, alcanzar un beneficio igual. Los males que vienen de estas tres causas pueden ser eliminados por medio de una mejor educación y un mejor sistema económico y político.

La competencia no es de ningún modo un defecto en este sentido. Cuando se exterioriza en la forma de emulación al servicio del público, en algún descubrimiento o en la creación de obras de arte, puede hacerse un estímulo muy útil, inspirando a los hombres a hacer un esfuerzo aprovechable más allá de lo que hubieran hecho sin eso. Es dañosa solamente cuando tiene por fin la adquisición de bienes que son limitados, de modo que, lo que un hombre posee redunda en detrimento de otro. Cuando la competencia toma esta forma, está necesariamente acompañada por el miedo, y el miedo produce casi inevitablemente la crueldad. Pero un sistema en serie que provee por una distribución más justa de los bienes materiales puede tal vez cerrar al instinto de competencia los caminos más dañosos y lograr que éste se exprese en formas beneficiosas a la humanidad. Esa es una gran razón, porque la propiedad común de la tierra y el capital tendrían muy probablemente un efecto beneficioso sobre la naturaleza humana; porque la naturaleza humana, como existe en los hombres y mujeres adultos, no es de ningún modo un hecho fijo, sino un producto de las circunstancias, la educación y la ocasión obrando sobre una disposición nativa muy maleable.

Lo que es cierto de la competencia es igualmente cierto del deseo del poder. El poder, bajo la forma en la cual se le busca actualmente, es el poder para mandar, el poder para imponer la voluntad de uno sobre los demás por medio de la fuerza, abierta o encubierta. Esta forma del poder consiste, en su esencia, en frustrar a los demás, pues se expone tan sólo cuando los demás se ven obligados a hacer lo que no quieren hacer.

Es de esperar que un poder de aquellas características sea reducido al mínimo por el sistema social que tiene que reemplazar al capitalismo, sirviéndose de los métodos que hemos descrito en el capítulo anterior. Estos métodos pueden ser aplicados tanto a las cuestiones internacionales como a las nacionales; la autonomía para cada grupo en cuanto a las cuestiones que conciernen a él mucho más esencialmente que a los demás, y gobierno por una autoridad neutral, comprendiendo los grupos rivales en toda cuestión en la cual puede haber un choque entre los intereses de los varios grupos, pero siempre basado en el principio fijo de que las funciones de gobierno tienen que ser reducidas al mínimo compatible con la justicia y la prevención de la violencia individual. En un mundo así, las actuales ocasiones perjudiciales para satisfacer el deseo del poder no existirán ya. El poder que se halla en la persuasión, en la enseñanza, en el hecho de conducir los hombres hacia una nueva sabiduría o hacia la realización de nuevas posibilidades de felicidad, este poder, que es, tal vez, completamente beneficioso, quedaría intacto, y muchos hombres fuertes, que en el mundo actual dedican sus energías a dominar, en el mundo a que nos referimos dirigirían sus energías a la creación de nuevos bienes en vez de a la conservación de males antiguos.

La envidia, la tercera de las causas psicológicas a las cuales nosotros atribuimos las causas de los males en el mundo actual, depende, en la mayoría de los caracteres, del descontento fundamental que nace de la falta de ocasión para desenvolverse libremente, del instinto frustrado y de la imposibilidad de realizar una felicidad soñada. La envidia no puede ser remediada por la amonestación; la amonestación, en el mejor de los casos, transformará tan sólo su manera de manifestarse y hará que adopte un método más sutil para disimularse. Con la excepción de aquellos raros caracteres en los cuales la generosidad domina a pesar de las circunstancias, el único remedio para la envidia es la libertad y la alegría de vivir. La generosidad en la manera de ver las cosas y la bondad son casi quiméricas en los pueblos privados de los sencillos placeres instintivos del descanso y el amor, del sol y los campos verdes. En tales pueblos estas cualidades se encontrarán muy difícilmente, aun entre los pocos afortunados, porque éstos tienen conciencia, aunque muy vagamente, de que se están aprovechando de una injusticia, y solamente pueden seguir disfrutando de su buena suerte en tanto que deliberadamente no hacen caso de aquellos que no la gozan. Si la generosidad y la bondad tienen que ser comunes, hace falta hacer más caso que ahora de las necesidades elementales de la naturaleza humana y realizar más intensamente la difusión de la felicidad entre todos los que no sean víctimas de alguna desgracia especial, cosa tan posible como imperativa. Un mundo lleno de felicidad no querría precipitarse en una guerra, y tampoco estaría lleno de aquella hostilidad miserable que nuestra existencia mezquina y estrecha engendra en el ser humano típico. No es imposible para la fuerza humana crear un mundo lleno de felicidad: los obstáculos impuestos por la naturaleza inanimada no son insuperables. Los obstáculos reales se hallan en el corazón del hombre, y el remedio para éstos es una esperanza constante, encauzada y fortalecida por el pensamiento.

Capítulo VII

LA CIENCIA Y EL ARTE BAJO EL SOCIALISMO

El socialismo ha sido predicado por la mayor parte de sus defensores como un medio de aumentar el bienestar de las clases asalariadas, y, más especialmente, su bienestar material. Por eso han creído algunos que no tiene fines espirituales, como si no tuviera nada que ofrecer para ayudar al avance general de la civilización dentro del arte y el pensamiento. Algunos de sus defensores —y entre éstos hay que incluir a Marx— han escrito indudablemente sin premeditación, como si con la revolución socialista la utopía hubiera llegado y la raza humana no tuviera necesidad alguna de un mayor progreso. No sé si nuestra época es más inquieta que la que la precedió o si nuevamente se ha impregnado de la idea de la evolución; pero, sea cual sea la razón, nosotros somos ahora incapaces de creer en un estado de perfección estática y exigimos que un sistema social contenga dentro de sí un estímulo y ocasión para progresar hacia algo todavía mejor antes que nosotros lo aprobemos. Las dudas creadas así por unos escritores socialistas exigen un examen para comprobar si el socialismo sería, en efecto, hostil al arte y a la ciencia y si estaría dispuesto a crear una sociedad estereotipada en la cual el progreso fuese difícil y lento.

No basta que los hombres y mujeres vivan cómodamente en el sentido materialista. Muchos miembros de las clases acomodadas ahora, a pesar de tener muchas ocasiones, no contribuyen con ningún mérito a la vida mundial, y aun no logran asegurarse una felicidad personal digna de llamarse así. El aumento en el número de esta clase de individuos sería un logro de muy poco valor; y si el socialismo no hiciese más que entregar a todos la clase de vivir y de pensar, de la cual los más apáticos y los acomodados disfrutan ahora, ofrecería muy poco, no lo suficiente para inspirar el entusiasmo a cualquier espíritu generoso.

«El verdadero papel de la existencia colectiva —dice M. Naquet[1]— es el de aprender, el de descubrir, el de conocer. Comer, beber, dormir, en una palabra, vivir, es un mero accesorio. En este respecto, no nos diferenciamos de la bestia. El fin es conocer. Si yo fuese condenado a escoger entre una humanidad materialmente feliz, vegetando como un rebaño de ovejas en un campo, y una humanidad existiendo en la miseria, pero de la cual saliese, de aquí y allá, alguna verdad eterna, yo escogería esta última.»

Esta declaración expresa la alternativa bajo una forma muy extrema, que la hace algo irreal. Se puede responder que para aquellos que han tenido tiempo y ocasión para

1. *L'Anarchie et le Collectivisme*, pág. 114.

gozar de las «verdades eternas» es fácil exaltar su importancia a costa de los sufrimientos que caen sobre los otros. Esto es exacto; pero si se toma como terminada la discusión y se deja de dar cuenta de la importancia que el pensamiento ha tenido en el progreso. Considerando la vida del hombre en su totalidad, en el porvenir, tanto como en el presente, no cabe duda que una sociedad en la cual algunos hombres se dediquen a la ciencia mientras que otros sufren una gran miseria, ofrece más esperanza de un bien final que una sociedad en la cual todos han caído en un bienestar indolente. Es exacto que la miseria es un gran mal; pero no es exacto que la prosperidad material es en sí un gran bien. Si existe algún valor real para la sociedad tiene que ser convertido en un medio para hacer avanzar aquellos bienes más elevados que pertenecen a la vida del espíritu. La vida del espíritu no consiste en el pensamiento, y la ciencia tan sólo tampoco puede ser completamente sana si no tiene algún contacto, aunque sea muy superficial, con la vida general de la comunidad. ¿Será la vida del espíritu en este sentido ayudada o estorbada por el socialismo? Y ¿habrá todavía un estímulo suficientemete fuerte por el progreso para evitar un estado de inmovilidad bizantina?

En el análisis de este problema estamos, hasta un cierto punto, saliéndonos de la esfera de la democracia. El bien general de la comunidad se realiza solamente en los individuos, pero se realiza mucho más fuertemente en algunas personas que en otras. Algunos hombres tienen una inteligencia comprensiva y permanente, que les hace capaces de apreciar y acordarse de lo que sus precursores han pensado y sabido, y de descubrir nuevas regiones en las cuales disfrutan de todas las delicias elevadas de un investigador intelectual. Otros tienen la capacidad para crear la belleza, incorporando las visiones intangibles, que dan alegría a tanta gente. Estos hombres son más afortunados que la masa, y también más importantes para la vida colectiva. Una mayor parte de la cantidad general del bien (que la del hombre o mujer corriente) está concentrada en ellos; pero también su contribución al bien general es mayor. Ellos se destacan entre los hombres y no pueden ser colocados completamente dentro del cuadro de la igualdad democrática. Un sistema social que les hiciese incapaces de crear sería condenado, fuesen los que fuesen sus otros méritos.

La primera cosa que hay que pensar —aunque sea difícil en una época comercial— es que lo que vale más en la actividad creadora espiritual no puede ser producido por ningún sistema de remuneraciones. La ocasión y el estímulo de un ambiente espiritual que vigoriza, son importantes; pero si existen, no será necesaria ninguna seducción pecuniaria, y, si están ausentes, los precios no lograrán nada. El agradecimiento, aun bajo la forma de remuneración, puede llevar un cierto placer en la vejez a un hombre de ciencia que ha luchado durante toda su vida contra el prejuicio académico, o al artista que ha sufrido el ridículo por muchos años, por no pintar del mismo modo que sus precursores; pero su trabajo no ha sido inspirado por una esperanza de tales goces. Todo el trabajo más importante se debe a un impulso en el que no se calculan las ventajas que uno puede lograr, y puede promoverse, más bien que por afán de recompensas tardías, con facilitar las circunstancias que conservan el impulso y dan mayor ocasión para manifestarse en las actividades a que éste estimula. En la creación de estas circunstancias, a nuestro sistema actual le falta mucho. ¿Será el socialismo mejor?

Yo creo que no se puede contestar a esta pregunta sin especificar la naturaleza del socialismo a que se refiere. Hay algunas formas de socialismo que creo serían aún más destructivas a este respecto que el régimen capitalista actual, mientras que otras serían incomparablemente mejores. Hay tres cosas que el sistema social puede proveer o negar a la creación espiritual, y que son: primero, una preparación técnica; segundo, la libertad para seguir el impulso creador, y tercero, por lo menos la posibilidad de una apreciación final por algún público, sea grande o pequeño. Podemos dejar fuera de discusión al genio individual y a aquellas condiciones intangibles que hacen que algunas épocas sean grandes y otras estériles en el arte y la ciencia; no porque son menos importantes, sino porque son demasiado poco comprendidas, por no ser tenidas en consideración cuando uno piensa en una organización económica o política. Las tres condiciones mencionadas parecen incluir la mayor parte de lo que *parece* útil o dañoso desde nuestro punto de vista actual, y es por eso por lo que nos limitaremos a ellas.

Primera. *La preparación técnica.* Están actualmente la ciencia y el arte necesitados, tanto la una como el otro, de dos condiciones. Es preciso, o que un muchacho sea hijo de padres acomodados, que puedan mantenerle mientras se educa, o *que él muestre* tanta capacidad ya de muy joven que pueda vivir de becas hasta que pueda ganar su vida. La primera condición, naturalmente es una cosa de pura suerte y no puede ser conservada en su forma actual, bajo cualquier tipo de socialismo o comunismo. Esta pérdida está subrayada por los defensores del sistema actual, y tal vez sería, hasta cierto punto, una pérdida real. Pero los acomodados forman una parte muy reducida de la población, y por presunción, por término medio, no son más inteligentes que sus contemporáneos menos afortunados. Si fuera posible extender, aun bajo una forma ligeramente modificada, a todos los que tienen el mismo talento las ventajas difrutadas por los pocos ricos que sean capaces de trabajar bien en la ciencia o en el arte, el resultado sería casi seguramente una mejora, y mucho del talento que se pierde hoy sería fecundo. Pero ¿cómo se puede efectuar eso?

El sistema de becas obtenidas por medio de la competencia, aunque sea lo mejor hasta hoy, es poco deseable, por muchas razones: introduce el espíritu de competencia en el trabajo de los niños; hace que éstos juzguen la ciencia desde el punto de vista de lo que es útil en los exámenes más bien que en el de su interés o importancia intrínsecos; dan un valor falso a aquel género de talento que se muestra precoz en las volubles contestaciones a las preguntas fijas, más bien que al otro género, que medita sobre las dificultades y tarda algún tiempo en contestar. Lo que es, quizá, lo peor de todo es la tendencia a dar un exceso de trabajo a la juventud, resultando falta de vigor e interés cuando se llega a la edad de ser hombre. Casi no se puede dudar de que por eso, ahora, muchas inteligencias finas tienen su viveza y su entusiasmo destruidos.

El socialismo de Estado podría muy fácilmente llegar a hacer universal el sistema de becas obtenidas por medio de una oposición; pero es de temer que esto fuese muy dañoso. Los socialistas de Estado parecen enamorados ahora de tal sistema, que es, justamente, del género apetecido por todo burócrata: ordenado, claro, dando un estímulo a la diligencia y no dejando perder nada que pueda ser tabulado en las estadísticas o en el libro de cuentas de gastos públicos. Estos hombres defenderán que la educación secundaria gratuita cuesta cara a la comunidad y que tiene tan sólo utilidad en los casos de aquellos cuyas capacidades son excepcionales; por eso, dicen, es preciso no dar la alta enseñanza a todo el mundo, sino tan sólo a los que puedan ser más útiles a la sociedad, por haber podido aprovecharse de ella. Estos argumentos tienen mucha influencia entre los que se llaman hombres «prácticos», y las contestaciones que se pueden hacer no llegan hasta convencer al gran público. La rebeldía contra defectos de la competencia es una parte de la esencia misma de la protesta que formulan los socialistas contra el orden actual, y por eso, aun si no hubiera otra razón, aquellos que favorecen al socialismo pueden ser incitados a estudiar alguna solución mejor.

La solución más sencilla, con una gran diferencia sobre las otras y la única realmente efectiva, es la de hacer que toda la instrucción sea, hasta la edad de veintiún años, gratuita para todos los muchachos y muchachas que lo deseen. La mayoría se habrá cansado de la instrucción antes de llegar a aquella edad, y preferirá empezar otro trabajo antes; resultará que aquellos que se interesen intensamente por algún estudio que necesite mucha preparación se destacarán naturalmente. Entre aquellos que de esta manera se distingan por sus propias aficiones, probablemente casi todos los que tienen algún talento definido se inclinarán hacia estudios congruentes con sus aptitudes.

Es cierto que habrá también muchos que tendrán muy poco talento; el deseo de ser pintor, por ejemplo, no puede ser de ningún modo limitado a los que tienen capacidad para pintar. Este gasto inútil puede ser fácilmente sostenido por la comunidad; sería infinitamente menor que el de mantener los ricos ociosos de ahora. Cualquier sistema que tenga como finalidad la anulación de este gasto, tiene que imponer también la pérdida, mucho más seria, causada por la parte del mejor talento que de cada generación resulta rehusado o perdido. El sistema de educación gratuita hasta cualquier grado para todos los que quieran estudiar es el único sistema que es consecuente con los principios de libertad y lo único también que ofrece una esperanza razonable de que el talento tendrá ancho campo. Este sistema, compatible por igual con todas las formas del socialismo y del anarquismo, teóricamente es compatible con el capitalismo; pero en la práctica es tan opuesto al espíritu del capitalismo que muy difícilmente se realizaría sin una reconstrucción económica completa. El hecho de que el socialismo lo ayudase debe contarse como un argumento muy poderoso a favor del cambio, pues la pérdida de talento, actualmente, en las clases pobres de la sociedad debe ser tremenda.

Segunda. *La libertad para seguir el impulso creador.* Cuando la preparación de un hombre ya es completa, si tiene un talento verdaderamente grande hará mejor su trabajo si se le deja completamente libre seguir su dirección, creando lo que le parezca bien, sin prestar atención al juicio de los "peritos". Esto ahora es posible solamente para dos clases de personas: las que tienen fortuna y las que se ganan la vida con un empleo que no agota todas sus energías. Bajo el socialismo no habrá nadie que tenga fortuna; si es preciso que no haya ninguna pérdida por parte de la ciencia y del arte, la ocasión que llega ahora por fortuna a unos cuantos tendrá que estar al alcance de un número mucho más grande. Los hombres que se han aprovechado de poseer un capital para dedicarse a algún trabajo creativo han sido pocos, pero importantes; se puede citar como ejemplos a Milton, Shelley, Keats y Darwin. Probablemente ninguno de éstos hubiera producido un buen trabajo si hubiesen tenido que ganarse la vida. Si Darwin hubiese sido catedrático, habría sido, naturalmente, destituido por sus teorías escandalosas, debido a la influencia de los clérigos.

No obstante, la mayor parte del trabajo creativo mundial es hecho ahora por hombres que viven de algún otro empleo. La ciencia y la investigación, en general, son cultivadas en el tiempo libre por maestros y profesores. No hay ninguna gran objeción contra esto en el caso de la ciencia, puesto que el número de horas dedicadas a enseñar no es excesivo. Es, parcialmente, porque la ciencia y la enseñanza se pueden combinar fácilmente; la ciencia se ha desarrollado vigorosamente en la época actual. En música, un compositor que es al mismo tiempo un músico goza de ventajas parecidas; pero uno que sólo sea músico tiene que morirse de hambre, a menos que sea rico o consienta en complacer el gusto del público. En las bellas artes, como regla general, no es fácil en el mundo moderno ganarse la vida con un trabajo realmente bueno, o encontrar un empleo subsidiario que deje bastante tiempo para crear. Esto, probablemente, es una de las razones de que el arte sea menos próspero que la ciencia.

El socialismo de Estado burocrático tendrá una solución sencilla de estas dificultades. Nombrará una comisión que consistirá en las personalidades más destacadas en un arte o una ciencia, que tendrán que juzgar el trabajo de los jóvenes y dar calificaciones a aquellos cuyas producciones les gusten. Un artista agotado se considerará que ha cumplido su deber para con la comunidad produciendo obras de arte. Pero, naturalmente, tendrá que dar pruebas de su actividad no dejando nunca de producir una cantidad razonable, y de la conservación de su talento, no dejando jamás de ayudar a sus jueces eminentes, hasta que llegue el día en que el mismo sea nombrado juez. De este modo las autoridades asegurarán que el artista es competente y regular y sigue las mejores tradiciones del arte. Aquellos que no estén conformes con estas condiciones serán obligados, por la suspensión de sus licencias, a buscar otro modo de ganarse la vida. Tal es el ideal del socialista del Estado.

En un mundo así, todo lo que hace tolerar la vida a un amante de la belleza sería destruido. El arte surge del lado salvaje y anárquico de la naturaleza humana; entre el artista y el burócrata tendrá siempre que haber un antagonismo hondo, continuar una lucha de hace muchos siglos, en la cual el artista, siempre vencido exteriormente, vence al fin por la gratitud de la humanidad a causa de la alegría que crea durante su vida. Si el lado salvaje de la naturaleza humana tiene que ser permanentemente sometido a los reglamentos ordenados del burócrata benévolo e incomprensible, la alegría de vivir desaparecerá del mundo y el impulso mismo de vivir se debilitará y morirá. ¡Mil veces mejor el mundo actual, con todos sus horrores, que un mundo socialista burocrático momificado! ¡Mejor el anarquismo, con todos sus peligros, que el socialismo de Estado, que sujeta al reglamento lo que tiene que ser espontáneo y libre para tener algún valor! Es esta pesadilla la que hace que los artistas y amantes de la belleza en general miren al socialismo con desconfianza. Pero no hay nada en la esencia del socialismo que haga imposible el arte: tan sólo ciertas formas del socialismo llevarán consigo este peligro. William Morris era socialista, y lo era, en gran parte, porque era artista; y en eso no era irrazonable.

Es imposible que el arte, o aun cualquiera de las actividades creativas más elevadas, prospere bajo cualquier sistema que exija que el artista dé prueba de su capacidad ante alguna comisión de autoridades antes de que se le permita seguir su impulso. Cualquier artista que sea verdaderamente grande será considerado, casi seguramente, incapaz por aquellos de sus colegas de mayor edad que fuesen considerados en general como los más preparados para formar una opinión. Además, el hecho de verse obligado a producir un trabajo que tiene que gustar a hombres de mayor edad es contrario al espíritu libre y a la innovación audaz.

Aparte de esta dificultad, el hecho de que todo dependa de la selección realizada por unos hombres de mayor edad, causaría celos e intrigas y calumnias, produciendo un ambiente venenoso de competencia solapada. El único efecto de un plan como el anterior sería el de eliminar hasta los pocos que ahora «llegan» por alguna buena suerte. No es por medio de ningún sistema, sino tan sólo por la libertad, como el arte puede prosperar.

Hay dos medios por los cuales el artista podría asegurarse la libertad bajo un socialismo de buen orden. Pudiera comprometerse a hacer algún trabajo regular fuera de su arte, trabajando tan sólo unas cuantas horas por día y cobrando un sueldo proporcionalmente menor que los que trabajan todo el día. En este caso, debe tener libertad para vender sus cuadros si pudiera encontrar compradores. Tal sistema podría tener muchas ventajas: dejaría absolutamente libre a todo hombre para hacerse artista, a condición de que estuviera dispuesto a soportar cierta pérdida económica. Esto no disuadiría a aquellos que tienen un impulso fuerte y genuino, pero tendería a excluir al *dilettante*. Ahora hay muchos artistas jóvenes que sostienen voluntariamente una miseria mucho más grande que la que sería necesaria en una comunidad socialista bien organizada; y algún grado de molestia no está mal como prueba de la fuerza del impulso creativo y como contraste a las alegrías íntimas de la vida de creador.

La otra posibilidad (que hemos ya discutido en el capítulo IV) sería la de ceder todas las necesidades de la vida, como los anarquistas desean, a todos por igual, sin tener en cuenta si trabajan o no. En este plan, cada uno puede vivir sin trabajar: habría lo que se puede llamar un «sueldo de vagabundo», suficiente para vivir, pero no para lujos. El artista que prefiriese tener todo su tiempo libre para el arte y el deleite podría vivir de su «sueldo de vagabundo», viajando a pie cuando le diera la gana, visitando los países extranjeros, gozando del aire y del sol, libre como los pájaros y quizá igualmente feliz. Estos hombres llevarían el color y la diversidad a la vida de la comunidad; su manera de ver las cosas se diferenciaría de la de los trabajadores prosaicos y conservarían vivo un elemento muy necesario de alegría que nuestra civilización, seria y desapasionada, tiende a matar. Si se hiciesen muy numerosos pudiera ser que formasen una carga económica demasiado grande para los trabajadores, pero es indudable que si hay muchos que se contentan con los placeres sencillos, también hay muchos que escogerían la pobreza y la libertad prefiriéndolas al trabajo comparativamente ligero y agradable, que sería la regla general en aquellos tiempos.

Con el uno o el otro de estos medios se puede conservar la libertad del artista dentro de una república socialista; una libertad mucho más completa y amplia que cualquiera de las que ahora existen, a excepción de la que tienen los capitalistas.

Pero quedan todavía unos problemas que no son tan fáciles de solucionar; por ejemplo, la publicación de los libros. No habrá, bajo el socialismo, los editores particulares como ahora; bajo el socialismo de Estado, el Estado será el único editor, mientras que bajo el sindicalismo o el socialismo gremial, la *Federación del Libro*, tendrá toda esta industria en sus manos. En estas circunstancias, ¿quién será el que deba decir qué originales tienen que ser impresos? Claro es que hay ocasión para instaurar un índice más riguroso que el de la Inquisición. Si el Estado fuera el único editor, indudablemente se negaría a publicar libros que se opusieran al socialismo de Estado. Si la *Federación del Libro* fuera el último árbitro, ¿cómo se podrían publicar las obras que la criticasen? Y aparte de estas dificultades políticas tendríamos en la literatura aquella misma censura por parte de «eminentes oficiales», que hemos calificado de desastrosa cuando estábamos tratando acerca de las bellas artes en general. La dificultad es grande, y es necesario encontrar un medio de combatirla si queremos que la literatura conserve su libertad.

Kropotkin, que cree que el trabajo manual y el trabajo intelectual deben estar unidos, mantiene que los autores mismos deben ser impresores, encuadernadores, etc. Aun va hasta proponer que todo el trabajo manual en la producción de un libro debe ser hecho por los autores. Es dudoso que haya bastantes autores en el mundo para hacer eso, y, de todas formas, no puedo dejar de pensar que sería una pérdida que éstos dejaran el trabajo que saben hacer bien, para hacer mal un trabajo que otros pueden hacer mucho mejor y más pronto.

Pero en este momento lo que nos interesa es cómo serán elegidos los originales que tienen que ser impresos. En el sistema de Kropotkin habrá, supongo yo, un gremio de autores con un comité de dirección, si el anarquismo permite tales cosas. Este comité de dirección determinará qué libros merecen ser impresos. Entre éstos serán incluidos los del comité y los de sus amigos, pero no los de sus enemigos. Los autores de los originales rehusados tendrán, difícilmente, la paciencia de imprimir las obras de sus rivales triunfantes, y sería necesario elaborar todo un sistema de distribución de la tarea para que no se desenvolviera a topetazos y se lograse imprimir un mínimum de libros.

Es difícil creer que este plan tendería a la armonía entre los literatos o conduciría a la publicación de cualquier libro que indicara una tendencia libre. Por ejemplo, los mismos libros de Kropotkin difícilmente habrían encontrado apoyo.

La única manera de combatir estas dificultades es que, ya sea bajo el socialismo de Estado, el socialismo gremial o el anarquismo, éstos faciliten el pago a los autores cuyos libros no fueran de los que el Estado o la *Federación de*

Autores hubieran escogido para publicar a su costa. Me doy cuenta de que este método es contrario al espíritu del socialismo, pero no creo que haya otra manera de asegurar la libertad. Se podría pagar, comprometiéndose a hacer algún trabajo de una utilidad reconocida, por un período fijo y entregando la parte correspondiente del sueldo. El trabajo puede ser, naturalmente, como propone Kropotkin, la parte manual de la producción de los libros; pero no veo una razón especial para que tenga que ser así. Sería menester que fuera una regla absoluta el que ningún libro pudiera ser rehusado, fuese el que fuese su carácter, para tener que pagar por la publicación un precio fijo. Un autor que tuviese lectores lograría obtener su ayuda para pagar. Es verdad que un autor desconocido tendría que sacrificarse mucho para pagar, pero esto daría un medio automático para eliminar aquellos cuyos escritos no fuesen resultado de impulsos muy hondos, y por eso este sistema no sería tan malo.

Probablemente sería deseable algún método parecido para el caso de la publicación y la ejecución de la música nueva.

Lo que hemos propuesto sería, indudablemente, combatido por los socialistas ortodoxos, puesto que encontrarían que repugna en parte a sus principios la idea de que una persona particular pague para que le hagan un cierto trabajo. Pero es una equivocación ser esclavo de un sistema, y todo sistema, si está aplicado rígidamente, causa males que se pueden evitar únicamente haciendo concesiones en casos especiales. Generalmente, una forma prudente del socialismo puede ofrecer ocasiones infinitamente mejores al artista y al hombre de ciencia que una comunidad capitalista; pero solamente si la forma adoptada de socialismo se ajusta a este fin por medio de disposiciones parecidas a las que hemos propuesto.

Tercera. *La posibilidad de una apreciación.* Esta condición no es necesaria a todo trabajo creador, pero en el estado en el cual yo lo tomo, la gran mayoría la encuentra casi indispensable. No quiero decir un reconocimiento del gran público, y tampoco aquel respeto profundo y falto de sinceridad que se concede en general a los artistas que han tenido éxito. Nada de esto tiene valor. Lo que quiero expresar es más bien una comprensión y un sentido espontáneo de que las cosas bellas tienen importancia. En una sociedad enteramente comercializada se respeta a un artista si gana dinero y porque gana dinero, pero no hay ningún respeto genuino para sus obras de arte por medio de las cuales ha ganado su dinero. Un millonario cuya fortuna ha sido hecha fabricando abotonadores o goma de masticar es admirado; pero esta admiración no se extiende hasta los artículos a los cuales debe su riqueza. En una sociedad que juzga todas las cosas por la cantidad de dinero, esto es verdad también a propósito del artista. Si se ha hecho rico se le respeta, aunque, naturalmente, menos que al millonario; pero sus cuadros, libros o música están considerados como los abotonadores o la goma de masticar: sólo como un medio de ganar dinero. En este ambiente el artista encuentra mucha dificultad para conservar en su pureza el impulso creador, está contaminado por el ambiente o siente amargura por falta de comprensión de la finalidad de sus esfuerzos.

No hace falta tanto la comprensión del artista como la apreciación de su arte. Un artista puede vivir difícilmente en un ambiente en el cual todo está juzgado según su utilidad más bien que por su calidad intrínseca. Toda aquella parte de la vida de la cual el arte es la flor necesita algo de desinterés, una capacidad para gozar espontáneamente sin pensar en los problemas y dificultades del mañana. Cuando la gente encuentra gracia en una broma, no se pregunta si sirve alguna finalidad trascendental. El mismo placer directo existe en cualquier apreciación natural del arte. La lucha para vivir, el trabajo de un negocio o de una profesión, tienden a volver a la gente demasiado seria para gozar de los chistes y demasiado despreocupada por el arte. Si la lucha fuera facilitada, las horas de trabajo disminuidas y el peso de la existencia anulado, resultaría que de un mejoramiento del sistema económico es casi seguro que la alegría de vivir y la energía vital por el placer puro del mundo aumentarían mucho; y si esto se lograse, habría, inevitablemente, más placer espontáneo en la belleza y más gozo en el trabajo de los artistas. Pero ninguno de estos buenos resultados se puede esperar de la mera eliminación de la pobreza: necesitan todos, además, un sentido amplio de libertad y la ausencia de la opresión de la máquina enorme que ahora pesa sobre el espíritu individualista. No creo que el socialismo de Estado pueda dar este sentido de libertad, pero algunas otras formas de socialismo que han absorbido lo que es verdad de la doctrina anarquista pudieran lograrlo hasta un grado a que el capitalismo es incapaz de llegar.

Un sentido general de progreso y logro es un estímulo inmenso para todas las formas de trabajo de creación. Por eso dependerán mucho no sólo del punto de vista material de si los métodos de producción en la industria y la agricultura se estereotipan o siguen cambiando rápidamente, como han hecho durante los últimos cien años. La comunidad entera se interesará mucho más en los métodos perfeccionados de la producción, cuando cada hombre reciba la justa parte del producto total del trabajo. Pero probablemente no habrá nadie con el mismo interés directo e intenso en los perfeccionamientos técnicos que tiene ahora el capitalista en la industria. Si el conservadorismo natural de los trabajadores no debe mostrarse más fuerte que su interés en el aumento de la producción, será preciso que cuando por los obreros sean introducidos algunos perfeccionamientos en cualquier industria, en los métodos debe serles concedida, cuando menos, una parte del beneficio durante algún tiempo. Si se hace esto, se puede suponer que cada gremio buscaría continuamente nuevos procesos o invenciones, y apreciará aquellas partes técnicas de la investigación científica que sirvan a esta finalidad. Con cada perfeccionamiento surgirá el problema de si hay que utilizarlo para que produzca más horas libres o para aumentar la cantidad de comodidades. Donde hay tantas horas más libres que en la actualidad, habrá tanta más gente con un conocimiento de la ciencia o una apreciación del arte mayor. El artista o el investigador científico se diferenciarán mucho menos y estarán más unidos que ahora al ciudadano corriente, y ello será casi inevitablemente un estímulo para su energía creadora.

Creo que nosotros podemos concluir que, desde el punto de vista de las tres necesidades para el arte y la ciencia, es decir, la preparación, la libertad y la comprensión, el socialismo de Estado no llegaría a eliminar los males existentes e introduciría nuevos males; pero el socialismo gremial, o aun el sindicalismo, si adoptaran una política liberal frente a aquellos que prefiriesen trabajar menos cantidad de horas que la usual en un empleo reconocido, serían preferibles a cualquier solución que sea posible bajo el capitalismo. Hay peligros, pero éstos desaparecerán si se dan cuenta suficientemente de la importancia que tiene la libertad. En ésta, como en casi cualquier otra cosa, el camino hacia lo mejor es el camino de la libertad.

Capítulo VIII

CÓMO SE PUEDE ORGANIZAR EL MUNDO

En la vida cotidiana de la mayoría de las personas el miedo desempeña un papel de mayor importancia que la esperanza; están preocupadas pensando más en lo que los otros les puedan quitar que en la alegría que pudieran crear en sus propias vidas y en las vidas de los que están en contacto con ellas.

No es así como hay que vivir. Aquellos cuyas vidas son provechosas para ellos mismos, para sus amigos o para el mundo, están inspirados por una esperanza y sostenidos por la alegría: ven en su imaginación las cosas como pudieran ser y el modo de realizarlas en el mundo. En sus relaciones particulares no se preocupan de encontrar el cariño o respeto de que son objeto: están ocupados en amar y respetar libremente, y la recompensa viene por sí, sin que ellos la busquen. En su trabajo no tienen la obsesión de los celos por sus rivales, sino que están preocupados con la cosa actual que tienen que hacer. No gastan en política tiempo ni pasión defendiendo los privilegios injustos de su clase o nación; tienen por finalidad hacer el mundo en general más alegre, menos cruel, menos lleno de conflictos entre doctrinas rivales y más lleno de seres humanos que se hayan desarrollado libres de la opresión que empequeñece y frustra.

Una vida vivida en este espíritu —el espíritu que quiera crear más bien que poseer— tiene una fundamental felicidad, de la cual no puede privarse enteramente aun en circunstancias adversas. Es éste el método de vivir recomendado en los Evangelios y por todos los grandes apóstoles del mundo. Aquellos que lo han encontrado están liberados de la tiranía del miedo, puesto que lo que estiman más en sus vidas no puede ser tocado por ninguna potencia externa. Si todos pudieran tener el coraje y la visión para vivir así, a pesar de los obstáculos y el desánimo, no habría necesidad de una reforma política y económica para empezar la regeneración del mundo: todo lo que hace falta a manera de reforma, vendría automáticamente, sin oposición, a causa de la regeneración de los individuos. La doctrina de Cristo ha sido aceptada nominalmente por el mundo hace muchos siglos, y, a pesar de esto, los que la siguen están todavía perseguidos como en la época anterior a Constantino. La experiencia ha demostrado que son muy pocos los que saben percibir detrás de las maldades aparentes de la vida de un paria, la alegría interior que procede de la fe y de la esperanza creadora. Si el dominio del miedo tiene que ser vencido, no basta, por lo que se refiere a la masa, recomendar coraje e indiferencia en la desgracia; es preciso destruir las causas del miedo, hacer que una buena vida cese de ser aquella que tiene éxito en el sentido mundano y disminuir el daño que pueden sufrir aquellos que no tienen celo para defenderse.

Cuando analizamos el mal en las vidas que conocemos, encontramos que éste puede ser dividido en tres clases: primera, el que se debe a una causa física; entre ellas caben la muerte, el dolor y las dificultades de encontrar los medios necesarios para vivir; éstos los llamaremos «males físicos»; segunda, los que provienen de los defectos del carácter o de la capacidad de una persona; entre éstos se hallan la ignorancia, la falta de voluntad y las pasiones violentas; éstos los llamaremos «males de carácter»; tercera, los que dependen del poder de un individuo o de un grupo sobre otro; éstos consisten no solamente en la tiranía evidente, sino de toda intervención en el libre desarrollo, sea por la fuerza o por una influencia espiritual excesiva, tal como puede ocurrir en la educación; éstos los llamaremos «males del poder». Un sistema social puede ser juzgado según prevalezca en él uno de estos tres males.

La distinción entre los tres no puede ser rigurosamente definida. Un mal puramente físico tiene algo que nosotros no podemos nunca completamente vencer; no podemos abolir la muerte, pero frecuentemente podemos posponerla por medio de la ciencia, y tal vez, finalmente, será posible asegurar que la gran mayoría viva hasta la vejez; no podemos prevenir enteramente el dolor, pero sí disminuirlo indefinidamente, asegurando a todos una vida de buena salud; no podemos lograr que la tierra entregue sus productos en abundancia sin trabajar, pero sí disminuir la labor y perfeccionar sus condiciones hasta que deje de ser una maldición. Los males del carácter son muchas veces los resultados de un mal físico en la forma de alguna enfermedad, y todavía más los resultados de los males del poder, pues la tiranía envilece tanto a los que la ejercitan como (generalmente) a los que la padecen. Los males del poder son intensificados por los males del carácter en los que tienen el poder. Por todas estas razones, los tres males están unidos. No obstante, generalizando, logramos distinguir entre nuestras desgracias aquellas que tienen su causa inmediata en el mundo material, de aquellas que se deben a nuestros propios defectos y aquellas que vienen de nuestra sujeción al control de otros.

Los medios principales para combatir estos males son: para los males físicos, la ciencia; para los males del carácter, la educación (en su sentido más amplio) y la libertad de expresión para todos los impulsos, a excepción del instinto para dominar; para los males del poder, la reforma de la organización política y económica de la sociedad, de tal modo que la intervención de un hombre en la vida de otro sea reducida al mínimum posible. Empezaremos con el tercero de estos males, porque son los males del poder especialmente los que el socialismo y el anarquismo han intentado remediar. La protesta contra las diferencias de la riqueza se ha basado principalmente en el sentido de los males causados por el poder de la riqueza. Este punto ha sido bien expuesto por Mr. G. D. H. Cole:

Yo quiero preguntar: ¿Qué es lo que constituye el mal fundamental de nuestra sociedad moderna, lo que nosotros debemos abolir?

Hay dos contestaciones posibles a esta pregunta, y estoy seguro de que muchísima gente, de buena fe, se decidiría por la falsa. Respondería: «la pobreza», cuando debería contestar: «la esclavitud». Frente a frente cada día con los contrastes vergonzosos de la riqueza y la miseria, de grandes dividendos y pequeños sueldos, y dolorosamente consciente de la futilidad de intentar ajustar el equilibrio por medio de la caridad privada o pública, esta gente contestaría fríamente que quieren la abolición de la miseria

¡Muy bien! En este aspecto todo socialista está con ellos. Pero su contestación a mi pregunta no es por eso menos falsa.

La miseria es el síntoma; la enfermedad es la esclavitud. Los extremos de riqueza y miseria siguen inevitablemente a los extremos de libertad y esclavitud. La mayoría no está esclavizada porque es pobre, sino es pobre porque está esclavizada. A pesar de ello, los socialistas han fijado demasiado frecuentemente su atención en la miseria material de los pobres, sin darse cuenta de que ésta se basa en la degradación espiritual del esclavo.[1]

Creo que ninguna persona razonable puede dudar de que las maldades del poder en el sistema actual son muchísimo más grandes que lo que para tal régimen debería ser justo, y que podrían ser infinitamente disminuidas por una forma conveniente del socialismo. Unas cuantas personas afortunadas pueden vivir ahora libremente de una renta o interés y pueden difícilmente tener más libertad bajo cualquier otro sistema, pero la gran mayoría, no solamente de los muy pobres, sino también de todos los jornaleros y aun de las clases profesionales, está esclavizada por la necesidad de ganar dinero. Casi todos están obligados a trabajar tanto que tienen muy pocas horas libres para divertirse o tener una ocupación fuera de su empleo cotidiano. Aquellos que pueden retirarse de su empleo cuando llegan a una cierta edad, se aburren, porque no han aprendido a aprovechar sus horas libres y los intereses que tenían ahorrados de su trabajo no les aprovechan. Pero éstos son los excepcionalmente afortunados: la mayoría tiene que trabajar hasta la vejez, siempre amenazados por la destitución; los que logran un

1. *Self-Government in Industry.* (La autonomía en la industria.) G. Bell and Sons, 1917.

poco más de dinero tienen miedo de no poder dar a sus hijos la educación o la atención médica que estimen deseable; los más pobres, muchas veces no están muy lejos de morir de hambre. Y casi todos los que trabajan no tienen derecho a intervenir en la dirección de su trabajo; durante las horas del trabajo son simples máquinas que cumplen la voluntad de un dueño. El trabajo está hecho usualmente bajo condiciones desagradables que causan dolor y sufrimiento físico. El único motivo para trabajar es el salario; la idea de que el trabajo puede ser un placer, como el trabajo del artista, generalmente está rechazada con desdén como completamente utópica.

Pero gran número de estas maldades son completamente innecesarias. Si la parte civilizada de la Humanidad pudiera llegar a desear su propia felicidad más que el sufrimiento ajeno; si pudiera ser exhortada a trabajar constructivamente por mejoras que hubiera de compartir con todo el mundo, más bien que destructivamente para evitar que clases o naciones les ganen la mano, todo el sistema por el cual el trabajo del mundo se hace podría reformarse radicalmente dentro de una generación.

Desde el punto de vista de la libertad, ¿qué sistema sería mejor? ¿En qué dirección habríamos de desear que avanzasen las fuerzas del progreso?

En eso, sin hacer caso por el momento de ninguna otra consideración, no tengo duda de que el mejor sistema sería uno no muy lejano del que predica Kropotkin, pero hecho más práctico, con la añadidura de los principios esenciales del socialismo gremial. Puesto que se puede discutir sobre cada punto, expondré, sin argumento, el modo de organizar el trabajo que me parece mejor.

La instrucción debe ser obligatoria hasta la edad de

dieciséis años, o aún más; después debe depender del alumno el querer seguir o no estudiando; pero, de todos modos, debe ser enteramente gratuita hasta la edad de veintiún años. Cuando la instrucción esté terminada, nadie debe ser *obligado* a trabajar, y los que no quieran trabajar deben recibir lo que necesiten para vivir, dejándoles completamente libres; pero probablemente sería deseable intentar crear en la opinión pública un fuerte sentimiento a favor del trabajo, de suerte que habría comparativamente pocos que se decidiesen por la pereza. Una gran ventaja de que la pereza sea *económicamente* posible es que daría un fuerte motivo para no hacer el trabajo desagradable, y ninguna comunidad en la cual se pueda decir que la mayor parte del trabajo es desagradable puede considerar que ha solucionado sus problemas económicos. Creo que es razonable presumir que muy pocos escogerían la pereza cuando uno piensa en que, por lo menos, nueve de diez que tengan, por ejemplo, una renta de cien libras por año, prefieren aumentar sus ingresos con algún trabajo remunerador.

Por considerar que la gran mayoría no escogerá la pereza, creo se puede suponer que, con la ayuda de la ciencia y eliminando la enorme cantidad de trabajo estéril, resultado de la concurrencia nacional e internacional, la comunidad entera puede ser mantenida cómodamente por medio de cuatro horas diarias de trabajo. Los patronos que tienen mucha experiencia insisten ya en que sus empleados pueden realmente producir tanto en seis horas de trabajo como cuando trabajaban ocho. En un mundo en donde el nivel de preparación técnica sería mucho más elevado que ahora, la misma tendencia se haría más fuerte. Las gentes aprenderían no solamente un oficio o una pequeña parte del oficio, como ahora, sino varios oficios, de manera que podrían cambiar sus ocupaciones según la temporada o las fluctuaciones de la demanda. Cada industria sería autónoma en sus asuntos internos, y aun cada fábrica decidiría por sí todos los problemas concernientes tan sólo a sus propios empleados. No habrá una dirección capitalista, como actualmente, sino una dirección por representantes elegidos, así como en la política. Las relaciones entre los grupos de productores serán determinadas por el Congreso de los gremios, las cuestiones que conciernen a la comunidad en su carácter de habitantes de una cierta región seguirán siendo decididas por el Parlamento, mientras que las disputas entre el Parlamento y el Congreso de gremios serán decididas por una comisión compuesta de representantes de los dos en número igual.

No habrá remuneración, como ahora, solamente por el trabajo necesitado o hecho, sino por la buena voluntad puesta en el trabajo. Este sistema está ya aceptado en muchos de los trabajos mejor pagados; un hombre ocupa un cierto cargo y lo retiene aun cuando ocurra que no hay mucho que hacer. El miedo de perder el empleo y el sueldo cesará de ser una pesadilla.

La cuestión de si hay que pagar a todos por igual o un sueldo excepcional a los que tienen una mejor preparación, puede ser dejada a la discreción de cada gremio. Un cantante de ópera que no fuese pagado más que un tramoyista, pudiera preferir ser tramoyista hasta que se cambiase el sistema; en ese caso seguramente será preciso un sueldo más elevado. Pero si fuese votado libremente por el gremio, no podría dar motivo a una protesta.

Por mucho que se haga para hacer el trabajo agradable,

se puede suponer que siempre habrá algunos empleos que serán desagradables. Sería preciso persuadir a la gente de que se encargase de estos oficios ofreciéndoles más sueldo y menos horas, en vez de impulsarlos a aceptarlos forzados por la miseria. Entonces, en la comunidad habría un fuerte motivo económico para buscar un medio de disminuir lo desagradable de estos oficios excepcionales.

Habría aún necesidad de dinero, o de algo análogo, en una comunidad tal como la estamos imaginando. El plan anarquista de una distribución gratuita del producto total del trabajo en partes iguales no evita la necesidad de alguna divisa para el cambio, puesto que un hombre querrá coger su parte bajo una forma, y otro, bajo otra. Cuando llegue el día de la distribución de los lujos, las señoras viejas no querrán una parte de cigarros habanos, ni los muchachos su parte de perrillos falderos. En mucho, el modo más simple es el de pagar un sueldo, como ahora, y dejar ajustarse los valores relativos según la demanda. Pero si se pagase en moneda, uno podría acumularla y más tarde hacerse capitalista. Para evitar esto sería mejor pagar en billetes que fueran sólo válidos por un cierto período, por ejemplo, hasta un año después del día que sean puestos en circulación. Así un hombre podría ahorrar para sus vacaciones anuales, pero no indefinidamente.

Hay mucho que decir en favor del plan anarquista de entregar en cualquier cantidad, gratuitamente, a todos los que las pidan, las necesidades y todas las comodidades que puedan ser producidas en cantidades adecuadas para cualquier demanda. A mi juicio, es un problema puramente técnico si este plan debe o no ser adoptado. En efecto, ¿es que sería posible practicarlo sin mucha pérdida y, por consiguiente, sin el empleo de muchos obreros en la producción de las necesidades cuando pudieran ser empleados más útilmente de otra manera? No puedo resolver este problema, pero creo que es muy probable que, tarde o temprano, como sigan continuamente los métodos de producción perfeccionándose, este plan anarquista puede ser práctico, y entonces indudablemente tendrá que ser adoptado.

Las mujeres que hacen el trabajo de la casa recibirán un sueldo como si trabajasen en la industria. Esto asegura la completa independencia económica de las mujeres casadas, lo que es difícil lograr de otro modo, puesto que de las madres que tienen niños no se debe esperar que trabajen fuera de sus casas.

Los gastos que causan los hijos no caerían, como ahora, sobre los padres. Recibirían, como las personas mayores, su parte de las necesidades, y su educación sería gratuita.[1]

No existiría ya la competencia actual por alcanzar una beca entre los muchachos más inteligentes; no serían embuidos en el espíritu de la competencia desde la infancia u obligados a forzar sus cerebros contra su naturaleza, resultando más tarde la indiferencia y la pérdida de la salud. La educación sería mucho más dulcificada que ahora; habría mucha más atención para adaptarla a las necesidades de los tipos distintos de los alumnos. Habría más esfuerzo por fomentar la iniciativa entre los alumnos y menos anhelo de llenar sus espíritus

1. Tal vez haya quienes tengan miedo de que el resultado fuese un aumento excesivo en la población; pero yo creo que esto carece de fundamento. Véase más arriba, capítulo IV.

con una serie de creencias y hábitos espirituales considerados como útiles hoy por el Estado principalmente, porque le ayudan a conservar el *statu quo*. Para la gran mayoría de los niños sería más conveniente la educación al aire libre, en el campo. Y para los muchachos y muchachas cuyos intereses no fuesen espirituales ni artísticos, la coeducación técnica, dentro de un espíritu liberal, es mucho más efectiva para fomentar una actividad espiritual que el estudio en los libros, que ellos consideran (aunque erróneamente) sólo útiles para los exámenes. La educación verdaderamente útil es la que sigue la dirección de los intereses instintivos del niño mismo, dándole a conocer lo que él busca, y no la instrucción seca y detallada que no tiene ninguna relación con sus deseos espontáneos.

El gobierno y la ley existirían todavía en nuestra comunidad, pero serían reducidos ambos a un mínimo. Habría todavía unos actos prohibidos, tal como el homicidio. Pero casi la totalidad de aquella parte del Código penal que trata de la propiedad habría caído fuera de uso, y muchos de los motivos que causan asesinatos ahora no tendrían ya influencia. Aquellos que, no obstante, cometiesen atropellos no serían considerados como culpables o inicuos, sino como desgraciados, y serían cuidados en algún sanatorio psiquiátrico hasta que se juzgase que habían dejado de ser peligrosos. Por medio de la educación, la libertad y la abolición del capital privado, el número de crímenes puede ser reducido a un mínimo pequeñísimo. Por el método del tratamiento curativo individual sería posible en general asegurar que la primera falta de un hombre sea también la última, a excepción del caso de los locos y de los de poca voluntad, para los cuales, naturalmente, una detención más prolongada, pero no menos benigna, podría ser necesaria.

Se puede decir que el gobierno consiste en dos partes: la una, las decisiones tomadas por la comunidad o por sus órganos reconocidos; la otra, la ejecución de estas decisiones y la coacción de los que las resistan. Los anarquistas no protestan contra la primera parte. La segunda parte, en un Estado ordinariamente civilizado, puede quedarse enteramente en el último término: aquellos que han luchado contra una nueva ley mientras que se la discute, en general se someterán a ella, y cuando esté sancionada también, porque la resistencia es generalmente inútil en una comunidad bien ordenada y establecida. Hay siempre la posibilidad de la fuerza gubernamental, y, en efecto, ésta es la razón misma de la sumisión que hace que la fuerza no sea necesaria. Si, como desean los anarquistas, no hubiese ningún empleo de fuerza en el gobierno, la mayoría podría todavía unirse y servirse de la fuerza contra la minoría. La única diferencia sería que su ejército o su fuerza policíaca fuese *ad hoc* en vez de permanente y profesional. El resultado sería que cada uno tendría que aprender a pelear, por miedo de que una minoría bien militarizada se incautara del poder y estableciese un Estado oligárquico anticuado. Así parece que la finalidad de los anarquistas pudiera ser difícilmente lograda por medio de los métodos que ellos predican.

El reino de la violencia en los asuntos humanos, ya sea dentro de un país o en sus relaciones externas, puede ser evitado tan sólo, si no me equivoco, por medio de una autoridad que pueda declarar todo empleo de la fuerza (excepto por ella misma) ilegal, y bastante fuerte para mostrarse claramente capaz de hacer vano todo empleo de la fuerza, excepto cuando pudiese asegurarse el apoyo de la opinión pública para defender la libertad o luchar contra la injusticia. Una autoridad así existe dentro de un país, es decir, el Estado. Pero en los asuntos internacionales está aún por crear. Las dificultades son enormes, pero tienen que ser vencidas si queremos salvar al mundo de las guerras intermitentes, cada una más destructiva que su precursora. Todavía no se puede predecir si después de la guerra actual se formará una Sociedad de Naciones capaz de cumplir esta tarea. De cualquier modo, tendrá que establecerse algún método de evitar la guerra antes de que nuestra utopía sea posible. Una vez que los hombres *crean* que el mundo está salvado de la guerra y que todas las dificultades están solucionadas, no existirá oposición seria al licenciamiento de los ejércitos nacionales, que serán sustituidos por una pequeña fuerza internacional para protegerse contra las razas bárbaras. Y cuando aquella etapa haya sido lograda, la paz estará asegurada virtualmente.

La práctica de gobernar por la mayoría, tan censurada por los anarquistas, se presta, en efecto, a todas las objeciones que ellos hacen. Las resoluciones del gobierno sobre cuestiones que afectan vitalmente a la felicidad de todos, tales como la paz y la guerra, son todavía más censurables. Ninguna de las dos puede ser abolida de repente. No obstante, hay dos métodos para disminuir el daño que hacen:

Primero. El gobierno de la mayoría puede hacerse menos opresivo por la descentralización, de modo que las decisiones de problemas que afectan primordialmente tan sólo a una sección de la comunidad sean dejadas en manos de aquella sección más que de una cámara central. De este modo, los hombres no pueden ser obligados a someterse a las decisiones formadas de prisa por gentes que en su mayor parte ignoran el problema que discuten, sin tener en ellos ningún interés personal. Hay que dar la autonomía para las cuestiones interiores no solamente a las regiones, sino también a todos los grupos, tal como las industrias o las iglesias, que tienen intereses importantes que no pertenecen a toda la comunidad.

Segundo. Las grandes potencias que están incorporadas al gobierno de un Estado moderno están obligadas a decidir principalmente en asuntos frecuentes, sobre todo en las cuestiones internacionales. Si el peligro de la guerra fuese casi eliminado, sería posible emplear unos métodos más complicados, pero menos autocráticos, y la legislatura podría recobrar muchas de las atribuciones que el gobierno se ha abrogado. Por estos dos métodos, la violencia que supone la intervención del gobierno en la libertad personal puede ser gradualmente disminuida. Alguna intervención y aun algún peligro de una intervención injustificable y despótica amenazaría tanto como el gobierno de prevalecer. Pero bastaría que los hombres fuesen menos violentos que lo son actualmente; un cierto grado de fuerza gubernamental parece el menor mal. Se puede esperar, no obstante, que una vez que la posibilidad de la guerra hubiese desaparecido, los impulsos a la violencia disminuirían poco a poco, tanto más puesto que, en aquel caso, sería posible disminuir enormemente el poder individual que ahora hace a los gobernantes autocráticos y preparados para cualquier acto de tiranía y decididos a aniquilar toda oposición. El desarrollo de un mundo en el cual aun la fuerza gubernamental se ha hecho innecesaria (excepto en el caso de los locos), tiene que ser gradual. Mas es un proceso gradual perfectamente posible, y cuando haya sido cumplido podremos esperar ver los principios del anarquismo incorporados en la dirección de los asuntos comunales.

¿Qué efecto haría el sistema económico y político que hemos descrito sobre los defectos del carácter? Yo creo que sería extraordinariamente beneficioso.

El proceso de disuadir a los hombres del empleo de la fuerza sería muy acelerado por la abolición del sistema capitalista, si no fuese seguido por una forma de socialismo de Estado, en el cual los funcionarios tienen mucho poder. Ahora el capitalista tiene más control de lo justo sobre las vidas de los demás; sus amigos tienen autoridad en el Estado; su poder económico es ejemplo para su poder político. En un mundo donde todos gozaran de la libertad económica no habría el mismo hábito de mandar y, por consiguiente, tampoco el mismo amor al despotismo; surgiría un tipo de carácter más refinado que el que ahora prevalece. Los hombres están formados por las circunstancias y no han nacido hechos. El mal efecto del actual sistema económico sobre el carácter, y el efecto, inmensamente mejor, que se puede esperar de la posesión en común, son, entre otras razones, más fuertes para predicar el cambio.

En un mundo idéntico al que hemos estado imaginando, el miedo económico y la mayor parte de la esperanza económica desaparecerían por igual de la vida. Nadie estaría preocupado con el miedo a la pobreza o impulsado hasta la crueldad por la esperanza de enriquecerse. No habría la distinción entre las clases sociales, que desempeña ahora un papel tan grande en la vida. El hombre de profesión que no tiene éxito no viviría con el miedo de que sus hijos pierdan su rango; el empleado ambicioso no estaría precipitando con placer el día en el que él, a su turno, será un patrón exigente. Los muchachos ambiciosos tendrían que construir otros castillos en el aire que los de tener éxito en los negocios y en la riqueza exprimida de la ruina de sus rivales y de la destitución de los obreros. En un mundo así, la mayor parte de las pesadillas que se ocultan en el espíritu de los hombres no existirían; por otra parte, la ambición y el deseo de sobresalir tendería a expresarse en formas más elevadas que las fomentadas por la sociedad comercial. Todas aquellas actividades que benefician verdaderamente a la humanidad serán asequibles, no solamente a los pocos afortunados, sino a todos los que tengan suficiente ambición y talento. La ciencia, las invenciones que economizan trabajo, el progreso técnico en todas las materias, prosperarán seguramente mucho más que ahora, puesto que serán el camino del honor, y el honor tendrá que reemplazar al dinero entre aquellos jóvenes que quieran tener éxito. El destino del arte dentro de una comunidad socialista depende de la forma del socialismo adoptado; si el Estado o cualquier autoridad pública (sea la que sea) insiste en controlar el arte y premiar tan sólo a aquellos artistas que crea suficientes, el resultado será un desastre. Pero si hay una verdadera libertad en la que se permita a cualquier hombre que tenga deseos de adoptar la profesión de artista adoptarla al costo de algún sacrificio de comodidad, es probable que el ambiente de esperanza y la ausencia de todo apremio económico resulten con una pérdida de talento mucho más pequeña que en nuestro sistema actual y en una opresión del impulso mucho menos fuerte.

Cuando las necesidades elementales han sido satisfechas, la felicidad real de la mayoría de los hombres depende de dos cosas: de su trabajo y de sus relaciones humanas. En el mundo en que nosotros hemos pensado, el trabajo será libre, no excesivo, lleno del interés que acarrearía una empresa colectiva que avanza rápidamente, con la alegría de crear algo hasta para el miembro más humilde. Y en las relaciones humanas, el avance será justamente tan grande como en el trabajo. Las únicas relaciones humanas que tienen valor son las que están basadas en una libertad mutua, donde no hay ni dominación ni esclavitud, ningún lazo, sino el cariño, ninguna necesidad económica o convencional de conservar la apariencia de armonía cuando toda vida interior ha muerto. Una de las cosas más terribles en el mercantilismo es la manera como envenena las relaciones de hombres y mujeres. Las maldades de la prostitución están generalmente reconocidas; pero aunque sean muy grandes, a mi juicio, los efectos de las condiciones económicas sobre el matrimonio son peores. Hay frecuentemente en el matrimonio una sugestión de comprar y de que el hombre obtenga una mujer a condición de guardarla en cierto estado de comodidad material. El matrimonio, a menudo, se diferencia muy poco de la prostitución, excepto en que es más difícil separarse. Toda la base de estos defectos es económica. Las causas económicas hacen del matrimonio un negocio y un contrato, en el cual el amor es una cosa absolutamente secundaria, y su falta no constituye ninguna razón reconocida para la liberación. El matrimonio tiene que ser una coincidencia libre y espontánea de mutuo instinto, lleno de felicidad y mezclado con un sentimiento parecido al de la veneración;

tiene por lo cual que contener un grado de respeto del uno para con el otro, que hace que la más ligera intervención en la libertad del otro sea completamente imposible; una vida en común en donde uno se impone sobre el otro, la sola idea produce un horror profundo.

No es así como conciben el matrimonio los abogados que extienden los contratos, o los sacerdotes que dan el nombre de «sacramento» a una institución que pretende encontrar algo santificado en la lujuria brutal o en las ebrias barbaridades de un marido legal. La mayoría de los hombres y de las mujeres ahora no conciben el matrimonio en un espíritu de libertad; la ley les da una ocasión para gratificar el deseo de intervenir, donde cada uno se someta a perder una parte de su propia libertad para tener el gusto de limitar la libertad del otro. Además, el ambiente de la prosperidad privada hace más difícil implantar un nuevo ideal, lo que se podría haber hecho si la propiedad privada hubiera desaparecido.

No es así como se concebirán las relaciones humanas cuando la mala herencia de la esclavitud económica haya dejado de formar nuestros instintos. El marido y su mujer, los padres y sus hijos se unirán únicamente por el amor; cuando éste se haya muerto, será reconocido que no queda nada que merezca ser conservado. Puesto que el amor será libre, los hombres y las mujeres no encontrarán en la vida privada una solución y un estímulo del deseo de dominar; pero todo lo que sea creado en su amor será más libre para obrar. La veneración por el alma de los amantes será menos rara que ahora; hoy día muchos hombres aman a sus mujeres del mismo modo que lo hacen a un suculento cordero, es decir, como algo a devorar y destruir. Pero en el amor donde hay algo de veneración existe una alegría de un orden completamente distinto del que puede encontrarse por medio de la dominación, una alegría que satisface el espíritu y no solamente los instintos; y la satisfacción del instinto y del espíritu, al mismo tiempo, es necesaria para una vida feliz, o aun para cualquier vida, que tenga que hacer salir los mejores instintos de los cuales un hombre o una mujer son capaces.

En el mundo que nosotros queremos habrá más alegría en el bien que en la tragedia gris de la existencia moderna. Pasada la primera juventud, como están ahora las cosas, la mayoría de los hombres están cargados de responsabilidades, incapaces de una alegría espontánea, y solamente se permiten un regocijo solemne en las horas convenientes. El consejo de «hazte niño» sería bueno para mucha gente en muchos aspectos; va unido con el otro de «no pienses en el mañana», lo que es difícil obedecer en un mundo de competencia. Hay frecuentemente en los hombres de ciencia, aun cuando muy viejos, algo de la simplicidad del niño: su preocupación por el pensamiento abstracto les ha tenido alejados del mundo y el respeto por su trabajo ha hecho que el mundo les conserve viviendo a pesar de su inocencia. Estos hombres han podido vivir como todos debieran vivir; pero bajo las condiciones actuales, la lucha económica hace que su modo de vivir sea imposible para la gran mayoría.

¿Qué tenemos que decir, para terminar, del efecto que nuestro mundo ideal tendrá sobre los males físicos? ¿Habrá menos enfermedades que ahora? ¿Es que el trabajo producirá una cantidad mayor? O ¿es que la población sobrepasará los límites de las subsistencias, así como lo enseñaba Malthus para refutar el optimismo de Godhwin?

Creo que la contestación final a todas estas cuestiones depende del grado de vigor espiritual que se puede esperar de una comunidad que ha abolido el estímulo de la competencia económica. ¿Es que los hombres, en nuestro mundo ideal, serán ociosos e indiferentes? ¿Es que dejarán de pensar? ¿Es que aquellos que siguen pensando se encontrarán frente a frente con una muralla de conservadurismo irreflexivo aún más insuperable que el de ahora? Estas cuestiones son muy importantes, pues es la ciencia de quien la humanidad debe esperar que vencerá los defectos físicos.

Si se pudiesen realizar las otras proposiciones que hemos postulado, parece casi seguro que habría muchas menos enfermedades que actualmente. El pueblo no viviría agolpado en los barrios bajos; los niños gozarían mucho más del aire libre y del campo; las horas del trabajo serían limitadas, de modo que no fuesen perjudiciales a la salud, ni excesivas y agotadoras como lo son ahora.

En cuanto al progreso de la ciencia, esto depende en su mayor parte del grado de libertad espiritual que exista en la nueva sociedad. Si toda ciencia está organizada y bajo la superintendencia del Estado, se estereotipará rápidamente y morirá. Los avances fundamentales no se harán, porque parecerán siempre demasiado dudosos de garantizar el gasto de los fondos públicos. La autoridad estará en manos de los viejos, y especialmente de los hombres que han logrado una distinción científica; estos hombres serán hostiles a los jóvenes que no les lisonjeen declarándose de acuerdo con sus teorías. Bajo un socialismo de Estado burocrático es de temer que la ciencia cesaría muy pronto de ser progresiva y adquiriría un respeto medieval de la autoridad.

Pero bajo un sistema más libre, que facilitase a todos los grupos de ciudadanos emplear todos los hombres científicos que quisieran y que permitiese el «sueldo de vagabundo» a aquellos que quisieran estudiar algo tan nuevo que no fuera reconocido en absoluto, hay toda la razón para creer que la ciencia prosperaría más que en cualquier época anterior.[1]

Si esto fuese así, yo no creo que otro obstáculo a la realización de nuestro sistema pudiera existir.

El problema de las horas de trabajo necesarias para producir una comodidad material es, en parte, una cuestión técnica y de organización. Podemos suponer que no existiría ya ningún trabajo improductivo derrochado en la fabricación de armas y de lujos costosos para los millonarios, en la defensa nacional y en la publicidad o en cualquier otra futilidad de nuestro sistema de competencia. Si cada gremio industrial se asegurase, por un período fijo, las ventajas o una parte de las ventajas de cualquier nueva invención o método que fuese introducido, es casi seguro que se daría un gran desarrollo al progreso técnico. La vida de un descubridor o inventor es en sí agradable; aquellos que la siguen, como sus inventos están raramente inspirados en motivos económicos, sino más bien en el interés al trabajo y la esperanza del honor, estos motivos obrarían más generalmente que ahora, puesto que estaría obligada menos gente a dejar las ciencias a causa de las necesidades económicas. No cabe duda de que la inteligencia funcionaría con más agudeza y con más espíritu creador en un mundo donde el instinto se viese menos frustrado, la alegría de vivir más fuerte, y por consiguiente, donde los hombres tuviesen más vitalidad que ahora.

1. Véase la discusión de este tema en el capítulo precedente.

Queda todavía la cuestión de la población, que después de Malthus ha sido siempre el último recurso de aquellos para quienes la posibilidad de un mundo mejor es imposible y desagradable. Este problema ha cambiado muchísimo desde hace cien años. La disminución en el número de nacimientos en todos los países civilizados, que casi seguramente continuará, sea cual fuere el sistema económico que se adopte, hace creer que la población de Europa occidental muy probablemente no se aumentará mucho más allá de su número actual, y que la de América se aumentará solamente por la inmigración, sobre todo cuando uno piensa en los efectos de la guerra actual. El número de los negros seguirá aumentando, y probablemente también en los trópicos; pero no es muy probable que sea una gran amenaza para los habitantes blancos de las regiones de climas más moderados. Queda, naturalmente, el peligro de las razas amarillas; pero en el día que éste comience a ser grave es muy probable que comience también una disminución del número de nacimientos entre las razas de Asia. Si no, hay otros métodos de solucionar estos problemas; y, en todo caso, el asunto está demasiado indefinido todavía para ser establecido como un obstáculo a nuestras esperanzas. Concluyo que, aunque ninguna predicción puede ser segura, no hay ninguna razón sólida para considerar el aumento posible en la población como un obstáculo serio al socialismo.

* * *

Nuestro examen nos ha conducido a la creencia de que la posesión común de la tierra y del capital, que constituye la doctrina característica del socialismo y del anarco-comunismo, es un paso necesario hacia la abolición de las maldades que el mundo sufre ahora, y la creación de una sociedad idéntica a la que cualquier hombre humano seguramente desearía ver establecida. Pero aunque sea un paso necesario, el socialismo solo no es suficiente de ninguna manera. Hay varias formas del socialismo: la forma en la cual el Estado se constituye en dueño y todos los que trabajan perciben un salario contiene peligros de tiranía y de obstrucción al progreso que lo harían, si es posible, aún peor que el régimen actual. Por otra parte, el anarquismo, que evita los peligros del socialismo de Estado, tiene sus propios peligros y dificultades, que hacen posible que, aun si fuese establecido, no pudiera durar mucho. No obstante, continúa siendo un ideal al cual deberíamos querer aproximarnos tanto como fuera posible y que esperamos será logrado completamente en una época no lejana. El sindicalismo tiene también mucho de los defectos del anarquismo, y, a su semejanza, demostraría ser inestable, puesto que la necesidad de un gobierno central se sentiría en seguida.

El sistema que he predicado es una forma de socialismo gremial, tal vez un poco más cerca del anarquismo, que un buen afiliado de gremio aprobaría. Es en las cosas que los políticos generalmente desconocen —la ciencia, el arte, las relaciones humanas y la alegría de vivir— en lo que el anarquismo es más fuerte, y principalmente a causa de estas razones por lo que incluimos las anteriores propuestas, más o menos anarquistas, como el «salario de vagabundo». Un sistema social debe ser juzgado por sus efectos fuera de la esfera económica y política, tanto como por los efectos de dentro de esta misma; y si un día el soccialismo se implanta, será beneficioso solamente si las cosas que no tienen un valor económico son apreciadas y adquiridas conscientemente.

El mundo que tenemos que buscar es un mundo en el cual el espíritu creador esté vivo, en el cual la vida sea una aventura llena de alegría y esperanza, basada más en el impulso de construir que en el deseo de guardar lo que poseamos y de apoderarnos de lo que poseen los demás. Tiene que ser un mundo en el cual el cariño pueda obrar libremente, el amor esté purgado del instinto de la dominación, la crueldad y la envidia hayan sido disipadas por la alegría y el desarrollo ilimitado de todos los instintos constructivos de vida que la llenen de delicias espirituales. Un mundo así es posible; espera solamente que los hombres quieran crearlo.

Mientras tanto, el mundo en el cual nosotros vivimos tiene otras finalidades. Pero éste desaparecerá, consumido en el fuego de sus ardientes pasiones, y de sus cenizas surgirá un nuevo mundo más joven, preñado de una nueva esperanza y con la luz de la alborada bullendo en sus ojos.

ÍNDICE

PRIMERA PARTE

HISTÓRICA

SEGUNDA PARTE

LOS PROBLEMAS DEL PORVENIR